Bernhard Mack

40 Tore ins Lebendigsein

ibera verlag

Für Dich

Bernhard Mack

40 Tore ins Lebendigsein

Eine Anleitung zur Freude

ibera verlag

1. Auflage - 2011
Mack, Bernhard:
40 Tore ins Lebendigsein / Bernhard Mack. – Wien :
Ibera Verlag, 2011
ISBN 978-3-85052-293-9

Lektorat, Herstellung, Layout: Graphik & Druckservice
Coverbild: Plan-Graphik, Annemieke Gieseke
Herstellung: Druckerei Theiss, 9431 St. Stefan

www.ibera.at

INHALT

DER RAUM ÖFFNET SICH

KERNDIMENSIONEN

ANHANG:

Vorwort

Meister: „Sage in einem Satz die fünf moralischen Prinzipien
und die fünf Kardinaltugenden Buddhas.“
Schüler: „Heute ist ein schöner Tag.“
(nach Yoel Hoffmann)

Sie sind eingeladen zu einer spannenden, humorvollen und inspirierenden Reise durch die Welt einer neuen Psychologie, einer Freude-Psychologie.

Die alten Konzepte, in denen das Leben Drama, Leiden und Schmerz bedeutet, werden in Frage gestellt. Es entsteht eine neue Sicht auf menschliches Wachstum, dessen Grundpfeiler die Freude bildet.

Bewährte Konzepte aus der Psychologie werden dabei nicht über Bord geworfen; vielmehr stehen sie am Anfang einer Erkundungsreise in die Welt der Psyche und werden integriert in einen umfangreicheren Wachstumsprozess des Menschen.

Das vorliegende Buch beschreibt die Wendung zu einem neuen Weltbild und damit zu einem neuen Bild vom Menschen. Es ruft nach neuen therapeutischen Handlungsformen, die sich im Wesentlichen durch Leichtigkeit, Humor und Freude charakterisieren lassen.

Dieses Buch ist von einem Praktiker der Psychotherapie geschrieben und es richtet sich an alle, die an der Entfaltung ihres Bewusstseins interessiert sind: Therapeuten wie Laien. Es bietet Orientierung und Wege zu Freude und Selbstverantwortung, die eigene Individualität auszubilden, in liebevoller Verbundenheit mit anderen zu leben und Verantwortung für das große Ganze zu übernehmen.

Der Text führt uns durch verschiedene Bewusstseinsräume und bietet einen integralen psychologischen Ansatz: eine Synthese aus gelebter Spiritualität und profunder Psychologie. Dabei spielt die Dimension der Seele eine entscheidende Rolle.

Strömungen aus der Quantenphysik werden mit Bewusstseinsforschung verbunden und es wird die Notwendigkeit einer prinzipiellen Umorientierung in der Psychologie aufgezeigt. Auch Therapie unterliegt einem evolutionären Prozess und braucht ständig neue Impulse, um einer immer komplexer werdenden Gegenwart gerecht zu werden.

Ich nehme Sie mit auf eine faszinierende Reise von den Randschichten unserer Persönlichkeit – Gedanken, Gefühle, Biografie Körper – zum Kern (Core), einem Punkt, an dem sich die Dualität auflöst und wir ein Gefühl universellen Verbundenseins verspüren. Die 40 Tore, die Sie in diesem Buch kennen lernen werden, sind Öffnungen nach innen und führen uns in immer tiefere Dimensionen des Seins und der Freude.

Für diesen Weg stelle ich eine differenzierte Landkarte der Psyche zur Verfügung, die es uns ermöglicht, sicherer in unserer Innenwelt zu navigieren, wohl wissend, dass die Karte nicht das Land ist.

Geschichten, Anekdoten, Humorvolles, Überlegungen und einige praktische Übungen werden sich abwechseln. Schrittweise werden die Leserinnen und Leser in ihr eigenes Zentrum geführt, das wir hier Core nennen.

Meine Freundin Franziska sagte einmal zu mir: „Deine Bücher sind deswegen keine Bestseller, weil man aus jedem sieben Bücher machen könnte.“

Wahrscheinlich stimmt das auch diesmal wieder. Sie halten also etwa sieben Bücher in Händen. Ich empfehle Ihnen deswegen, das Buch schrittweise zu lesen und sich vielleicht Kapitel für Kapitel vorzunehmen. Es ist wie für einen 40-Tage-Prozess gedacht. Sie können etwa jeden Tag ein Kapitel lesen und dessen Auswirkung auf Ihren Alltag beobachten. Die Texte können Veränderungen Ihrer Weltwahrnehmung und damit Ihres Leben bewirken.

Ich wünsche Ihnen viel Freude dabei!

Im Anhang, in einem teilweise auf Original-Zitaten, biografischen Quellen und dem Briefwechsel Einsteins mit Freud über Frieden beruhenden Gespräch zwischen dem Physiker und dem Psychoanalytiker erläutert Einstein den grundlegenden Paradigmenwechsel in der neuen Psychologie. Er ebnet den Weg für eine integrale Freude-Psychologie.

Danach zeigt im Mythos der Gralssuche Schamanima (eine Wortkombination aus Schamanin und Anima) die sinnlich-praktischen Erfahrungen auf, die durch diesen Paradigmenwechsel möglich werden und die sie auf einer tiefen innerseelischen Reise erlebt.

Der Mythos von Parzival, der sich als eine Frau entpuppt (Schamanima), wird zur Rahmengeschichte, mit der leicht verständlich die wesentlichen modernen psychotherapeutischen Schulen dargestellt werden.

Der Leser erfährt auf spannende Weise die Vorzüge und Mängel einzelner psychologischer Schulen und lernt Landkarten einer komplexen Integration der verschiedenen Methoden in einer Freude-Psychologie kennen.

So runden diese zwei Geschichten den praktischen Hauptteil des Buches ab und werden dann in einer übergreifenden Schau jenseits des Mythos wiederum in einen größeren Zusammenhang gestellt.

Dieses Buch ist in weiten Teilen eher praxisorientiert. Die Übungen, Anregungen und Überlegungen sind zum Großteil aus fast vierzigjähriger Praxis entstanden. Aus Gründen der besseren Lesbarkeit habe ich oft auf Querverweise verzichtet. Generell liegt dem Buch das Lebenswerk von Aurobindo, von Ken Wilber, C.G. Jung und meinem Lehrer Pir Vilayat Inayat Khan zugrunde. Die Gedanken, die Ethik und die Haltung zum Leben als pulsierendem, lebendigem Feldphänomen stammen aus meiner jahrelangen Beschäftigung mit Albert Einstein. Auch der Neurophysiologe Andrew Newberg regte mich sehr zu verschiedenen Erfahrungen an. Ihnen, wie auch der persönlichen Begegnung mit meinen Lehrern Laura Perls, Hilarion Petzold, John Pierrakos, Georg Leonard, Reinhard Flatischler, Rupert Sheldrake, Albert Hofmann, Emaho und zahlreichen anderen Schamanen habe ich viel zu verdanken.

Wenn Sie die theoretischen Hintergründe für den Aufbau und die zugrunde liegende Didaktik der CoreDynamik (ein anderes Wort für integrale Freude-Psychologie) kennen lernen wollen, lesen Sie bitte in meinem Buch „CoreDynamik – Wege zum Kern“ (2001), Kapitel 1, nach.

Meine wissenschaftliche Grundhaltung, die ich in vielen Jahren der Handlungsforschung (siehe Holzkamp: Wissenschaft als Handlung) erworben habe, lässt sich am besten mit meinem Lieblingszitat von Albert Einstein skizzieren. Es durchwebt das ganze Buch und auch mein Leben, Arbeiten und Forschen:

„Das Schönste und Tiefste, was der Mensch erleben kann, ist das Gefühl des Geheimnisvollen (...) Zu empfinden, dass hinter dem Erlebbaren ein für unseren Geist Unerreichbares verborgen sei, dessen Schönheit und Erhabenheit uns nur mittelbar und in schwachem Widerschein erreicht, das ist Religiosität. In diesem Sinne bin ich religiös. Es ist mir genug, diese Geheimnisse staunend zu ahnen und zu versuchen, von der erhabenen Struktur des Seienden in Demut ein mattes Abbild geistig zu erfassen" (Albert Einstein – Mein Glaubensbekenntnis, Radiosendung 1932).

Dieses Buch ist für den Alltag und die praktische Umsetzung geschrieben.

Sicher werden mancher Leser und manche Leserin sich darin wiedererkennen und die Hauptthese des Buches bestätigt finden:

Wir sind alle intuitiv, wir können lernen, unsere Intuition zu entwickeln; und es kann sogar eine Menge Spaß und Freude machen, sich auf diesen Weg zu begeben.

Das Buch gibt Orientierungen zu den Fragen:

Wie gelingt Veränderung?
Wie können wir erfüllter und intensiver leben?
Wie finden wir uns in den vielfältigen Ebenen unserer Wirklichkeiten und unserer Seele zurecht?

Es zeigt „40 Tore ins Lebendigsein" auf, die für den Alltag bewährte „Teilchenbeschleuniger" sind. Die 40 Tore sind aus den **„40 Ungeheuerlichkeiten der Freude-Psychologie"** entstanden, einem Papier, das ich in einigen meiner Seminare austeile. Diese Ungeheuerlichkeiten sind für das Alltagsbewusstsein und die traditionelle Psychologie herausfordernd, sie stellen bisherige Positionen in Frage und Konzeptionen auf den Kopf. Mehrere Hundert TeilnehmerInnen haben diese Umkippung ihrer Wahrnehmung erprobt, als hilfreich und für den Alltag tauglich erlebt. Die „Tore" haben große Kraft und können unser Leben verändern.

Sie ermöglichen uns, die Wirklichkeit neu, frisch und auf eine tiefere Weise wahrzunehmen, uns zu freuen und zu genießen.

Freiburg, Oktober 2010 Bernhard Mack

GEDANKENLANDSCHAFTEN

1. Wir kreieren die Wirklichkeit mit unseren Gedanken

„Du bist die Welt."
(Jiddu Krishnamurti)

Wir beginnen die Reise zu uns selbst mit der Aufmerksamkeit auf unsere Gedanken. Wir erkennen, wie unsere Gedanken unser Erleben von dieser Welt prägen und wie wir uns dessen bewusst werden können.

Die Geschichte vom armen Juden Isaak aus Krakau

Isaak aus Krakau träumte dreimal, er solle bei der Brücke in Prag nach einem Schatz graben. So packte er seine wenigen Habseligkeiten und machte sich auf nach Prag. Es war ein weiter, beschwerlicher Weg von Krakau nach Prag.

Als er dort ankam, sah er, dass er dort unmöglich graben könne, so viele Leute waren da: Händler mit ihren Wagen, Käufer und Soldaten, die alles bewachten. So stand er mehrere Tage an der großen Brücke und überlegte, wie und wo er denn hier graben könne.

Da kam der Hauptmann der Soldaten zu ihm und fragte ihn barsch, warum er denn hier seit Tagen herumstehe. Isaak erzählte ihm von seinem Traum. Da lachte der Hauptmann: „Ha! Wer glaubt denn schon an so dummes Zeug wie Träume! Ich zum Beispiel träume seit Wochen, dass bei einem armen Juden in Krakau ein Schatz unter dem Ofen verborgen liegt."

Da verneigte sich Isaak vor dem Hauptmann, bedankte sich und ging den weiten Weg nach Krakau zurück, entfernte die Steine unter seinem Ofen und grub ... Und da lag der Schatz.

Später, als er ein bedeutender Rabbi geworden war, sagte er oft:
„Grab nicht woanders, grab bei dir.“

Doch wie und wo sollen wir bei uns graben, um uns zu finden?

Die Reise beginnt.

Zuerst ist da der Körper. Unser Körper ist unsere nächstliegende Wahrnehmungsrealität. Er ist in diesem Leben immer da. Unsere körperliche Wirklichkeit und unsere Empfindungen sind das, was wir als erste und naheliegendste Wirklichkeit empfinden.

Wenn wir ihn empfinden, wahrnehmen, spüren ...

Nur tun wir das oft nicht. Wir beschäftigen uns viel eher und leichter mit unseren Gedanken. Wir diskutieren unsere Konzepte und Vorurteile – in Selbstgesprächen oder mit anderen.

Wenn wir mehr das Spüren zulassen, kommen wir in Kontakt mit Gefühlen, zum Beispiel Freude, Trauer, Angst, Ärger. Unsere Gedanken und die Situationen, die wir erleben, erfahren eine emotionale Wertung.

Wenn wir uns genauer kennen lernen, können wir erkennen, wie Gefühle und Gedanken mit unseren biografischen Erfahrungen zusammenhängen. Je nach Typus stehen bei manchen Menschen eher die

Gefühle als bestimmende Faktoren im Vordergrund, danach werden sie von den Gedanken beeinflusst – oder umgekehrt.

Im alltäglichen Bewusstsein identifizieren wir uns mit unseren Gedanken und Vorstellungen. Wir glauben, unsere Gedanken, Wünsche, Rollen, Klischees und Konzepte seien die Wirklichkeit. Oftmals werden wir beherrscht von dieser ständig ratternden Gedankenproduktionsmaschine, die wir Gehirn nennen, oder sind sogar ihr Sklave.

Wenn wir die Reise ins weite Land der Seele antreten, ist es zunächst essenziell, sich mit den Gedanken zu beschäftigen. Diese sind die sogenannten Randschichten, die wir außen um unsere Persönlichkeit herumgepackt haben, zum Teil als Schutz, zum Teil aus Gewohnheit, zum Teil um zu verhindern, dass wir uns selbst in der Tiefe wirklich begegnen.

Ich nutze gerne für diesen Prozess das Bild der Zwiebel oder der Spirale: Um zu unserem Kern zu gelangen, müssen wir die „Zwiebel schälen". Wir müssen uns von außen nach innen vortasten.

Da wir alle denken und in Konzepten verhaftet sind, ist es wichtig, die zwei äußersten Schichten des Menschen, die Schichten der Gedanken und Konzepte, näher kennen zu lernen und zu durchdringen.

Wir gehen von einer entwicklungspsychologischen Grundannahme aus: Entwicklung vollzieht sich in einer bestimmten Abfolge. Ich kann bestimmte Ziele nicht verwirklichen, wenn ich nicht die vorherigen Stufen erreicht habe. Alle modernen Entwicklungspsychologien wissen heute, dass Entwicklung in von einander abhängigen Stufen geschieht. Zum Beispiel ist Addieren die Grundlage für Multiplizieren.

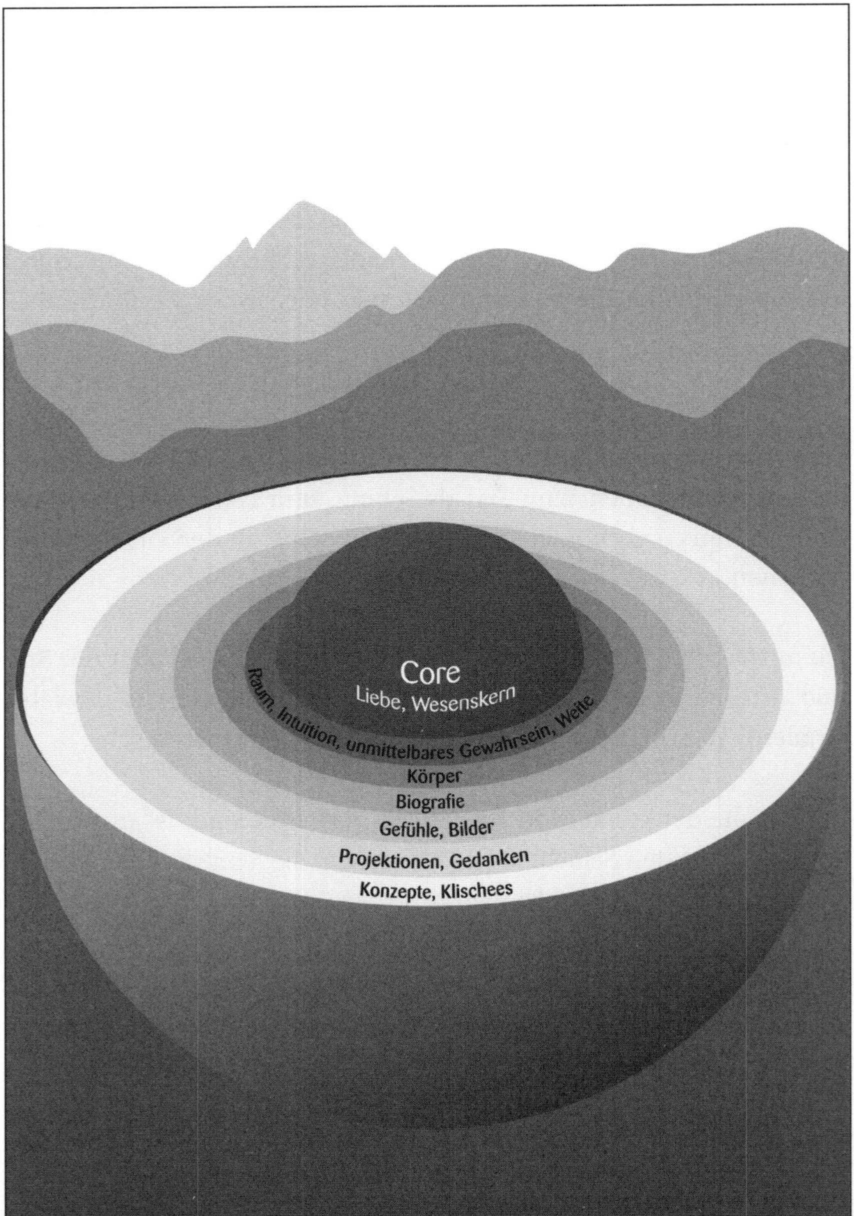
Core
Liebe, Wesenskern
Raum, Intuition, unmittelbares Gewahrsein, Weite
Körper
Biografie
Gefühle, Bilder
Projektionen, Gedanken
Konzepte, Klischees

Andererseits machen wir manchmal die Erfahrung, dass wir plötzlich auf ein neues Lernniveau springen, dass wir plötzlich etwas Neues beherrschen, das wir gar nicht geübt haben. Diese beiden Erkenntnisse bringen wir zusammen in der Erkenntnis:

Entwicklung geschieht langsam und in Sprüngen.

Es ist gut, langsam zu lernen und zugleich ein Auge dafür zu haben: Wann ist ein Sprung möglich?

Lernen benötigt bestimmte Energiefelder. Es braucht Gruppenkontexte, es braucht Felder, die sich derart verdichten, dass die kooperative Energie stark genug wird, um Lernprozesse zu ermöglichen.

Es gibt im menschlichen Leben keine objektiven Wahrheiten. Doch einige Grundprinzipien des Lebendigseins können durchaus benannt werden. Manchmal muss man Lebenskonzepte grundlegend verändern, nämlich dann, wenn sie uns nicht weiter führen oder destruktiv sind.

Wenn ich zum Beispiel glaube, ich kann mit einem neunzig Kilogramm schweren Rucksack, vollgepackt mit antiquarischen Büchern, Aktenordnern, Bier, Zigaretten, Schuldgefühlen und Bleigewichten, leichter einen Berg erklimmen als mit zwei Litern Wasser und einem Kilo Obst, dann ist es eindeutig: Der schwere Rucksack belastet meine Wanderung mehr als zwei Liter Wasser und ich sollte meinen Glaubenssatz ändern. Zwei Liter Wasser im Gepäck sind eine Wonne im Vergleich zu neunzig Kilogramm Altschrott.

Im übertragenen Sinne heißt das: Auch wenn alle Wahrnehmungen des Menschen und unsere Meinungen darüber relativ sind, es gibt so etwas wie Erfahrungen, die authentisch und tiefgreifend sind und die uns zu einer Änderung unserer Lebenskonzeption führen können und sollten. Erfahrungen, die wir ernst nehmen können und die unsere Meinungen über das Leben und unsere überholten Angewohnheiten in Frage stellen.

Von diesen Erfahrungen, die unser Leben verändern können, möchte ich sprechen. Sie können wie ein fester Punkt sein, der vieles fundamental transformieren kann. So wie **Archimedes** sagt: „Gebt mir einen Punkt außerhalb der Erde, der fest und stabil ist, und ich werde die Erde aus ihren Angeln heben."

Im Folgenden geht es darum, wie ich mein System, mein Weltbild, meine Leidensgewohnheiten aus den Angeln heben kann. Das Wissen darum kann ganze Lebensentwürfe ändern. Wir können ein Leben lang leiden: „Ich bin verzweifelt ...", „Es geht mir schlecht ...", „Du bist schuld daran ..." Wir können uns im Kreis drehen, wie in einem Hamsterrad schuften – bis zu einem bestimmten Moment, in dem wir uns fragen sollten: „Okay, bin ich jetzt bereit, ein Schritt zu gehen? Ich überlege mir, ob ich diesen Sprung in einen völlig neuen Zustand meines Lebens machen möchte – nämlich glücklich zu sein."

Die folgenden neununddreißig Tore sind hierfür ein Leitfaden.

2. Erkennen der Verstandesaktivität befreit

Wir konstruieren einen Großteil unseres Lebens mit dem Verstand, mit *unserem Denken*. Wir konstruieren das, was wir fühlen und erleben. Dabei stellt sich die Frage: Wie können wir beobachten und feststellen, ob unsere Wahrnehmung vom einengenden Alltagsverstand gesteuert wird oder unserer ausweitenden Intuition und Essenz entspringt?

Wir können die Vorherrschaft des Verstandes an folgenden Kriterien erkennen:

1. Wir stellen fest, dass der Alltagsverstand die Eigenschaft hat, konservativ und redundant zu sein. Er dreht und dreht sich normalerweise um Altbekanntes: „Damals, als ich siebzehn war, hat mein Vater gesagt ..." Wenn wir registrieren, dass der Verstand ständig dieselben Botschaften produziert, können wir erkennen, dass das mit der gegenwärtigen Realität wenig zu tun hat – es sind lediglich zirkuläre Gedankenwiederholungen.

2. Ein anderes Kriterium für die Arbeit von Verstand ist: Meistens ist der Verstand in einem scheinbar schwer kontrollierbaren Erregungszustand. Wir sind nicht zentriert und stehen neben uns. Irgendetwas quatscht in uns. Wir sind merkwürdig aufgeregt, konfus oder bedrückt.

3. Ein weiteres Indiz für die Verstandesaktivität ist das Empfinden von Zwanghaftigkeit oder eine Art Beeinflussung von außen: Irgendwer will da etwas von mir: „Ich sollte, ich müsste ..." Jeg-

liche Vorstellungen von Moral gehören dazu und alles, was ein mangelndes Freiheitsgefühl erzeugt.

4. Starke Ich-Bezogenheit wie „*Ich* will unbedingt das. *Ich* wünsche mir, es soll ganz anders sein“ sowie Kritiksucht rühren vom Verstand her. Manchmal gesellt sich noch Zwanghaftigkeit dazu: „Ich muss das unbedingt haben.“

5. Ängste sind oft Verstandesprodukte, etwa diffuse Angstgefühle, Zukunftsangst, Existenzangst oder Sorgen, Anspannung, Katastrophenerwartung: „Das wird schrecklich sein, wenn es so weitergeht“ oder die Fixierung auf Zukünftiges: „Oh Gott, wenn ich erst fünfzig oder sechzig bin, wie fürchterlich.“

6. Wann immer Schuldgefühle, Selbstabwertung, Selbstkasteiung auftauchen, ist der Verstand beteiligt: „Ich mache immer Fehler. Ich bin schlecht.“ Dies alles ist reine Verstandestätigkeit ohne Substanz. Schon die geringste Selbstabwertung ist nichts anderes als Verstandestätigkeit.

7. Der Verstand zeigt sich in sich stets wiederholenden Trauergefühlen wie „Ich bin so traurig, ich komme da nicht raus“. Diese Gefühle sind eine Reflexion des Organismus auf eine Verstandestätigkeit. Bei dieser festgehaltenen Form von Trauer wird nicht wirklich gefühlt, nicht bis in die Tiefe erlebt. Dadurch kann kaum eine Veränderung stattfinden.

8. Idealisierung oder Verdammung von Menschen wie „Du bist die Größte“ oder „Du bist ein Nichtsnutz“ entspringen dem Verstand. Wann immer illusorische, idealisierte Bilder vom anderen auftauchen, sind wir in der Falle der Projektion. Oft sind wir

fixiert auf ein bestimmtes Bild, eine gewisse Vorstellung mit dem Ergebnis, dass wir unglücklich werden, weil Erwartungen nicht erfüllt werden.

9. Ständige innere Dialoge: „Damals hätte ich anders reagieren sollen“ und die Wiederholung von längst Vergangenem sind Produkte des Verstandes.

10. Ständiges Probehandeln wie „Morgen werde ich mich so und so verhalten und dies und jenes sagen“ sind Absicherungen des Verstandes und verschleiern das Potenzial des Jetzt. Auf diese Weise verpassen wir die Lebendigkeit des Augenblicks.

11. Der Verstand produziert gern, dass wir uns *besonders* fühlen: „Ich bin entweder besonders gut oder besonders schlecht. Ich bin der Beste und Klügste hier in der Gruppe.“ Oder: „Mich mögen sie am allerwenigsten, weil ich dick und hässlich bin.“ Vielleicht fühlen wir uns auch ganz besonders empfindlich, besonders traurig, besonders unbeliebt, jedenfalls besonders irgendwie.

12. Recht haben wollen, kämpfen, sich permanent verteidigen – dies sind alles Verstandestätigkeiten.

13. Körperliche Reaktionen auf die beschriebenen Verstandestätigkeiten sind letztlich Ergebnisse der Schöpfungen des Verstandes.

14. Wann immer wir merken, dass wir in einer Situation massiven Widerstand gegen Neues und Ungewohntes leisten, verharren wir wahrscheinlich im Verstand.

Der Verstand ist unser „Hauptleidenserzeuger“. Wir können ihn jedoch aufmerksam beobachten und kontrollieren. Wir können beobachten, wenn der Verstand still wird und der Erregungszustand abnimmt.

Dann wandelt sich der Verstand als kontrollierender Reproduktionsmechanismus in einen bewussten Zustand von Kreativität. Er wandelt sich von der Blockierung zur starken Kraft. Wir spüren, dass nicht nur unser Körper der Steuerung durch unseren Geist folgt, sondern dass wir auch unsere Umwelt, die Umstände positiv beeinflussen können. Wir können hinter den Verstand treten. Dadurch ändert er seine Qualität völlig. Er wandelt seine Wirkungsweise grundlegend und wir können ihn und seine geistige Kraft zur Selbstbesinnung nutzen, wir können mit ihm unsere Gefühle beeinflussen und schließlich die Liebe einladen.

Dann kann der heilsame Zustand des Bei-sich-Seins spürbar werden und wir können Kontakt zu unserem Wesenskern bekommen.

Doch dies ist eine andere Geschichte und soll weiter unten beschrieben werden.

3. Jeder Mensch ist eine kleine Gesellschaft

Sie kennen das sicher: Manche Menschen fühlen sich zusammen mit ihren Kindern liebevoll und gebend, zusammen mit ihren Freunden wie jugendliche Revoluzzer, im Kontakt mit ihrer Frau wie energielose Depressive, in der Zusammenarbeit mit ihrem Chef wie ein Loser und im Zusammensein mit ihren Sportskameraden als Gewinner, Star und vor Kraft strotzend.

Die Frage ist: Wie oder wer sind wir denn nun wirklich?
Die Antwort lautet: Wir sind dies alles, und noch viel mehr.

Ist das normal?
Ja, so sind wir. Das ist normal.
So sind wir mehr oder weniger alle.

Eines unserer Hauptprobleme könnte man so umschreiben: Wir können uns entweder nicht zwischen diesen zahlreichen verschiedenen Unterpersönlichkeiten entscheiden oder wir haben uns für eine vielleicht schädliche Untergruppe von inneren Einflussfaktoren entschieden. Dies braucht jedoch kein bewusster Prozess zu sein; meist ist es eine unbewusste Entscheidung, irgendjemandem in diesem Orchester, in diesem Panoptikum der unendlich vielen Stimmen die Chefrolle zu übergeben.

Wir Menschen sind reich und vielfältig, begabt und großartig, schwach **und** bedürftig. Wir sind zum Beispiel eine hervorragende Hebamme, eine gute Mutter und gute Partnerin, eine gute Freundin für andere, zugleich beschimpfen wir uns als Nichtsnutz, weil eine destruktive Subpersönlichkeit in uns das Regiment führt und die anderen konstruktiven Aspekte niedermacht.

Das ist ein ständiger innerer Kampf, ein Dialog oder ein Spiel, je nachdem, wie man die Welt sieht und gestimmt ist.

Pointiert gesagt: Das Hauptproblem vieler Menschen ist, sich im Wirrwarr der Unteraspekte unseres Seins nicht zurechtzufinden, einige abzuwehren, andere nicht zu leben und einige zu vertrösten. Diese Stimmen, die da in uns rufen, singen, flüstern, schreien, stottern, sind manchmal uralt, manchmal unerkannt, manchmal sehr deutlich.

Was bewirken die inneren Stimmen?

Die inneren Stimmen produzieren unsere Stimmungen, unsere Gefühlslagen. Mit diesen Stimmungen produzieren wir die Art, wie wir die Außenwelt und die Mitmenschen wahrnehmen.

Mit anderen Worten: Unsere Wahrnehmungsmuster sind geprägt von den inneren Stimmen, die wiederum geprägt sind von unserer Geschichte, unseren Gewohnheiten, unseren frühen Erfahrungen. So entsteht eine Selbstdefinition, die entweder einheitlich strukturiert oder total widersprüchlich, ambivalent und durcheinander ist, je nachdem, welche Situation welche Stimme in uns wachruft.

Wenn diese inneren Stimmen oder Aspekte unserer Persönlichkeit nach außen projiziert werden – das heißt, wir interpretieren die Aussage des Gegenübers völlig überzogen oder falsch –, dann gibt es Schwierigkeiten. Dann ist der Partner plötzlich schlecht oder unzureichend, die Arbeit ist nicht befriedigend, eine Situation ist nicht erfüllend.

Dann werden wir hin und her gerissen von Selbstzweifeln oder Vorwürfen an andere. Zunehmend geraten wir in die Rolle des Opfers, in der wir nicht mehr erkennen, dass wir auf innere Stimmungen und Persönlichkeitsanteile reagieren, anstatt auf das, was tatsächlich in der Gegenwart vor sich geht. Wir sind nicht in Kontakt mit unserer Essenz, unserem Kern.

Es gibt zahlreiche Möglichkeiten, diese innere Stimmenvielfalt zu beschreiben. Wir können diese inneren Stimmen mit dem Bild des Orchesters beschreiben oder mit den Rollen in einem Theater.

Wir können diese Stimmen, diese innere Vielfalt auch mit topografischen Modellen beschreiben:

- mit Stockwerken und Ebenen, die übereinander liegen;

- oder auch mit nebeneinander liegenden Landschaften, die ausgebreitet sind in die Dimension Vergangenheit, Gegenwart, Zukunft.

- Oder wir nennen sie Teilpersönlichkeiten, Subpersönlichkeiten, Aspekte der Persönlichkeit oder das innere Team.

- Manche Menschen sehen sogar relativ autonome Personen in sich, die in ihnen agieren.

Jeder Mensch besteht aus vielen Persönlichkeitsanteilen. Wir existieren gleichzeitig auf vielen Bewusstseinsebenen. Das zu erkennen, kann verwirrend sein, ist aber eigentlich sehr heilsam – denn es ist der erste Schritt, die zahlreichen Widersprüche in sich zu integrieren.

Oftmals leben die verschiedenen Unterpersönlichkeiten in jeweils anderen empfundenen Realitäten. Jede Bewusstseinsebene kann aus einer verschiedenen Biografiezone kommen und liegt auf einer anderen Frequenz, d.h. in anderem innerseelischen Raum.

Wir können lernen, die verschiedenen Frequenzen auszuwählen wie einen Radiosender. Wenn wir einen Sender eingestellt haben, merken wir vielleicht gar nicht, dass wir mit einer kleinen Drehung am „Radioknopf" eine völlig andere Frequenz einstellen könnten, einen Zugang zu einer anderen Frequenz hätten.

Entscheidend ist, wie wir mit den Stimmen umgehen und wie wir sie handhabbar machen. Zunächst ist wichtig, die diversen Stimmen oder Unterpersönlichkeiten miteinander ins Gespräch zu bringen. Sie können sich das in einer Art Selbstgespräch bewusst machen, wie viele Worte oder Sätze die widersprüchlichen und vielfältigen Impulse einen kleinen Moment begleiten können und in uns toben, tanzen, diskutieren und lärmen.

Ich schlage Ihnen ein Experiment vor:
Die Arbeit mit inneren Stimmen oder Repräsentanten für Meinungen kann auf folgende Weise geschehen:
Machen Sie sich zuerst verschiedene, Ihnen im Moment wichtige innere Stimmen bewusst. Sie können sie auch unter bestimmten Themen finden, zum Beispiel: meine Antreiber-Sätze, meine Bremser-Sätze und meine Erlauber-Sätze.

Wenn Sie für diese drei Themenbereiche einige prägnante Sätze gefunden haben, bitten Sie Ihnen vertraute Menschen, diese Stimmen zu übernehmen und von einem Platz aus, den Sie bestimmen, zu sprechen.

Sie selbst machen die Qualität dieser Stimme genau vor:
Ist sie laut oder leise, drohend oder verführerisch, mächtig oder schwach?

Die Stimmen sprechen zunächst einzeln, dann alle gleichzeitig.

Wenn Sie das einige Zeit gehört haben, spüren Sie die Gefühle, die Stimmung und Energie, die dies in Ihnen auslöst.

Sodann gehen Sie bewusst in die Rolle des Regisseurs und bestimmen, wie die verschiedenen Stimmen klingen sollen: unterstützend, drohend oder ...

Nachdem Sie diese nach außen verlagerten inneren Stimmen ausreichend gehört haben, können Sie entweder den Abstand zu ihnen vergrößern oder sie lauter oder leiser „stellen" oder die Position des „Und" einnehmen, die Ihnen eine doppelte Perspektive erlaubt. Sie dirigieren das Stimmenorchester so lange, bis Sie eine zufriedenstellende Lösung gefunden haben.

Es kann eine Befreiung, ein Aha-Effekt oder ein Bewusstwerdungsprozess geschehen. Jeder kann auf diese Weise Einfluss nehmen und seine inneren Prozesse steuern.

Durch den Prozess des Benennens entstehen Erkenntnis, Distanzierung und Desidentifikation, d.h. ich höre diese Stimmen nur, bin jedoch nicht mit ihnen identifiziert, ich bin sie nicht, sie kommen von außen, haben sich nur bei mir eingenistet. Dieses Wissen schafft Freiraum für neues Handeln.

4. Die Erlaubnis, vielfältig zu sein

Die inneren Stimmen können generell verstanden werden als Gedanken, als unsere eigenen Produktionen oder als nach innen genommene, zuerst äußere Stimmen.

Gedanken beeinflussen uns als Energiefeld und wir können sie, wie gesagt, lenken. Weil wir sie lenken können, sind wir *verantwortlich* für unsere Gedanken. Wir können uns *für* oder *gegen* Gedanken entscheiden. Wir können nützliche oder heilsame und liebevolle Gedanken einladen. Wir können störende und schädliche oder lieblose Gedanken aus unserem System hinauswerfen. Wir können ganz bewusst Gedankenhygiene entwickeln.

Gefühle und Körperempfindungen kommen zu den Gedanken hinzu und spielen eine große Rolle in unserem Leben. Gedanken steuern Energiezustände, Gefühle und Körperempfindungen. Sie steuern Beziehungen und ganze Lebensentwürfe.

Es kommt einer galileischen Wende gleich, wenn wir erkennen, dass wir mit unseren Gedanken Beziehungen, Gesundheit, Wohlgefühl, Kreativität und vieles mehr beeinflussen.

Meistens ist es jedoch so, dass wir zuerst im Chaos sind, in der Inkubation, im Suchen, im Unklaren. Nur langsam klärt sich der Nebel und wir werden fähig zu navigieren.

Wir sind fähig zu navigieren ***und*** wir blicken zuerst überhaupt nicht durch, was da läuft.

Ich möchte folgende Zusammenfassung wagen:

Die Vielfalt unserer Dimensionen ist unübersehbar und nicht reduzierbar. Sie ist unendlich komplex, Millionen Jahre alt, seit Generationen geprägt, mit unendlichen Schlangen von DNA-Molekülen und Mustern, Verhaltensstrukturen, Geschichten in uns. Ferner gibt es die zahlreichen Verbindungen mit den vielen Menschen, die wir getroffen haben, Geschichten, die wir gehört haben, und Filme, die wir gesehen haben.

Wie wollen wir das auf einen einfachen Stimmen-Dialog reduzieren?

Wir geben den Versuch auf, die Wirklichkeit zu vereinfachen und zu reduzieren: Wir machen uns nicht ärmer, als wir sind.

Es gibt eine enorme Vielfalt in uns, die oftmals verwirrend ist. In dem Moment, in dem wir die einzelnen Stimmen identifizieren können, mit ihnen Worte verbinden und ihre Intention erkennen, sind wir schon einen Schritt weiter. Wir können diese Vielfalt als Reichtum erkennen und sie dankbar annehmen. Zuerst ist es beruhigend und wichtig, sich zu erlauben, verwirrt zu sein. Die Erlaubnis, vielfältig zu sein, ist ein großer Schritt zur Integration, zum Ganzwerden und zu einer stabilen Ich-Entwicklung.

Die einzige Gefahr ist, dass wir Dinge abspalten, dass wir Aspekte dieser Vielfältigkeit nicht für wirklich und wahr nehmen wollen und sie aus unserem Bewusstsein oder aus den verschiedenen zugänglichen Stockwerken vertreiben in den Keller, in die Unbewusstheit. Wir beschreiben sie vielleicht als gefährliche dunkle Mächte und wollen nichts mit ihnen zu tun haben.

Denn eines haben wir in unserer abendländischen Kultur leider gelernt:

Wir sollen eindeutig sein.

Das Abendland hält das Ideal der eindimensionalen Persönlichkeit hoch: das **gerade** Ich, das ***eindeutige** Ich,* das genau weiß, was es will und was es ist. Widersprüche sind nicht erlaubt und böse. Doch die unterschiedlichen Aspekte unserer Persönlichkeit, diese inneren Widersprüche sind unsere Wirklichkeit.

Ich möchte noch einmal betonen: Wachstum heißt, die Vielfalt der Ebenen in uns zu akzeptieren, zu bejahen und zu integrieren. Das ist nicht einfach. Da sind Konflikte, da ist oftmals Kampf. Wenn wir wachsen, sind wir vielleicht zu einer liebevollen Akzeptanz dieser manchmal widersprüchlichen Vielfalt in der Lage. Wir erlauben uns, derart komplex und vielfältig zu sein. Und das ist heilsam.

Es kommt noch etwas dazu:
Da ist die Spiegelung des anderen: die Spiegelung des Partners, der anderen Menschen, die in uns auch Bilder und Reflexe hinterlassen. Und da sind deren Vielfalt und Widersprüchlichkeit, die auf uns einwirken. Martin Buber sagt treffend: „Wenn sich zwei begegnen, begegnen sich eigentlich vier oder sechs oder acht."

Und da ist unsere unendliche Komplexität. Wir sind nicht nur Körper, Gefühle und Verhalten, wir sind ein Energiefeld, das in die Vergangenheit und Zukunft unendlich ausgedehnt ist.

Dies alles prägt jeden Atemzug.

Es ist ein Grundproblem von zahlreichen Menschen, dass sie das nicht wissen. Sie leben nicht mit dem selbstverständlichen Bewusstsein, dass sie viele Stimmen haben und sehr vielfältige Seinsweisen in sich verbinden. Bei manchen Menschen flattern diese verschiedenen Ebenen und Stimmen lose durch die Gegend und sind nicht verbunden mit dem Kern.

Fälschlicherweise denken wir, dass wir diese verschiedenen Aspekte ***sind***. Aber sie sind nicht unser wahres Wesen. Sie sind lediglich Muster, Stimmen und Strebungen. Wir können lernen, diese Aspekte unserer äußeren Persönlichkeit von unserem Kern zu unterscheiden, und erkennen, dass wir mehr sind als diese Stimmen.

Ein Ziel des Wachstums ist, einen liebevollen Überblick als Zeuge über all diese Stimmen und diese widersprüchlichen, ja oftmals paradoxen inneren Persönlichkeitsaspekte zu gewinnen. Ein liebevolles Hinblicken des Bewusstseins, das uns als unendlich ausgedehntes Raum-Zeit-Wesen begreift, hilft uns beim Annehmen unserer Komplexität. ***Ich bin nicht nur viele. Ich bin alle.***

Das macht mich teilweise schwindelig, ist jedoch meine Wirklichkeit. So gelingt mir eine versöhnliche Deutung der Verwirrung, des inneren Kampfes und der Widersprüche.

Wenn ich durch all das Stimmengewirr und die Vielfalt, die mich prägen, hindurchschaue, dann erkenne ich die größere Substanz und Identität dahinter. Wenn ich durch den Schleier meines Zweifels gehe, gelange ich zur Wahrnehmung des Seins.

Ich bin so vieles
Ich bin so klein und auch so groß.
Ich bin so schwach und doch so kraftvoll.
Ich bin so ängstlich und mutig bin ich auch.

Oft bin ich müde und bin so wach und tief-vital.
Ich bin traurig und kann mich so sehr freuen.

Ich bin so unbedeutend und ich bin sehr wichtig.
Ich bin so klein und bin so groß.

Und bin alles dazwischen.

Ich fange an, mich mit all dem zu lieben.

5. Unsere Wahrnehmung ist relativ

Eine Minute auf einer heißen Herdplatte zu sitzen,
kommt einem länger vor
als eine Stunde mit einem heißen Mädchen.
(Albert Einstein)

Die Wirklichkeit ist ganz anders, viel komplexer und vielschichtiger, als wir im alltäglichen Bewusstsein denken. Sie ist anders, als wir in unserem alltäglichen Bewusstsein zu sehen und zu empfinden gelernt haben. In gewisser Weise leben wir meist an der Größe, Tiefe und Weite der Wirklichkeit vorbei. Wir sind gewohnt, nur einen verschwindend kleinen Prozentsatz der Wirklichkeit wahrzunehmen, auf kleinen und engen Wirklichkeitsausschnitten zu leben und zu glauben, dies sei das Ganze.

Veränderung scheint damit zu tun zu haben, dass wir **anerkennen, was ist,** dass wir genau hinschauen. Veränderung scheint damit zu tun zu haben, dass wir unsere Entscheidungskraft üben, beispielsweise von der gewohnten Wahrnehmung, dass die Welt ein Jammertal ist, zu einer gesünderen Weltwahrnehmung zu gelangen.

Vielleicht geht es darum, sich für das Herz zu entscheiden und von dort heraus zu leben und zu handeln, anstatt den alten Gewohnheitsmustern zu folgen. Selbst mit einer bewussten Entscheidung gelingt das nicht immer sofort. Denn nichts ist zäher als ein Gewohnheitsmuster. Aber selbst eine Kursänderung um einen Grad lässt uns auf lange Sicht an ganz anderen Ufern landen ...

Tünnes und Schäl sitzen am Rheinufer und angeln. Sie schweigen lange.

Nach Stunden fliegt ein Schwan vorbei.

Tünnes sagt: „Oh, wie schön wäre es, ein Schwan zu sein. Dann könnte ich fliegen.“

Schäl: Keine Reaktion – sie sind Angler und reden nicht viel. Weitere Stunden später fliegen zwei Schwäne vorbei.

Diesmal sagt Schäl: „Oh, wie schön wäre es, zwei Schwäne zu sein, dann könnte ich vorne fliegen und hinten könnte ich genießen, wie ich vorne fliege.“

Diesmal zeigt Tünnes keine Reaktion. Es wird weiter geangelt.

Weitere Stunden später fliegen drei Schwäne vorbei.
Tünnes: „Oh, wie schön wäre es, drei Schwäne zu sein, dann könnte ich vorne fliegen, in der Mitte könnte ich genießen, wie ich vorne fliege, und hinten könnte ich beobachten, wie ich in der Mitte genieße, dass ich vorne fliege.“

Versetzen wir uns in die Perspektive der beiden Angler. Beim vierten Schwan wird es noch spannender: Jetzt können wir Zeuge sein, wie wir im dritten Schwan beobachten, wie wir im zweiten genießen, dass wir vorne fliegen.

In diesem fortschreitenden Perspektivwechsel kann sich ein Bewusstseinsprozess aufbauen.

Was geschieht, wenn auch ein fünfter Schwan möglich ist? Was wird der wahrnehmen?

Machen Sie das Bewusstseinsexperiment, wie viele Schwäne Ihnen möglich sind.

1. Schwan:
Handlung

2. Schwan:
Wahrnehmung der Handlung

3. Schwan:
Bewusstwerdung der Wahrnehmung

4. Schwan:
Übergeordnetes Bewusstsein des Prozesses (Zeuge)

Welche Vorteile hat es, sich mit den verschiedenen Schwänen zu beschäftigen? In der Erforschung der Schichten unserer Wahrnehmung werden wir frei von der Einseitigkeit der Einstellung. Wir erkennen die zahlreichen Perspektiven, in denen wir wahrnehmen können. Von jedem Punkt aus lässt sich dieser spannende Prozess beobachten. Die sogenannte Wirklichkeit verändert sich durch jede neue Perspektive.

Normalerweise denken wir bei menschlichen Problemen, wir müssten nur die richtige Problemlösungsstrategie finden. Viele menschliche Probleme können wir jedoch nicht lösen. Wenn wir aber unser Bewusstsein von der Situation erweitern, können wir anders mit Problemen umgehen.

Wenn ich eine Situation wirklich anerkenne, dann schaue ich wirklich hin – vielleicht zum ersten Mal. Ich entdecke meine Illusionen, die oftmals etwas mit meiner Vergangenheit zu tun haben. Bin ich in Konzepten festgefahren? Hänge ich an Bildern oder Gefühlen fest? Veränderung entsteht, wenn ich mich auf den Prozess einlasse, auf das Erkennen, dass das Leben permanente Veränderung ist. Es ist ein natürlicher Entfaltungsprozess: Ich gebe dem Veränderungsimpuls Raum – und Neues kann geschehen.

FREIHEIT DER GEFÜHLE

6. Es gibt keine guten oder schlechten Gefühle

„Das Gute ist leicht.
Alles Göttliche läuft auf zarten Füßen."
(Friedrich Nietzsche)

Wir erkunden nun die Ebene der Gefühle. Viele Menschen identifizieren sich mit ihren Gefühlen derart, dass sie sagen könnten: „Ich bin meine Gefühle." Das Leben wird unter dem Gesichtspunkt der Gefühle wahrgenommen und beurteilt. Sie meinen, es gebe gute und schlechte Gefühle. Die „schlechten" (beispielsweise Angst, Trauer, Wut) müssen vermieden werden, die „guten" (Freude, Glück, Liebe) müssen gesucht werden.

Gefühle zu fühlen, sie zu leben und oft sogar auszuleben, ist wichtig. Sie sind zentral für unsere Psychohygiene. Wir ersticken an den Gefühlen, wenn wir sie nicht ausdrücken oder leben. Gefühle wollen ihre Existenzberechtigung, sie brauchen einen großen Raum. Den sollten sie im Körper und im zwischenmenschlichen Kontakt haben.

Wir sind aber weitaus mehr als nur Gefühle. Es geht nicht darum, in einem Gefühl zu versinken, es ewig zu wiederholen und in ihm stecken zu bleiben, sondern um dessen Ausdruck. Das ist ein großer Unterschied. Auch im Alltag können wir uns entscheiden, in ein Gefühl hineinzugehen, es zu fühlen oder nicht.

Gefühle sind Reaktionen auf die Interpretation einer Situation

Wir können eine Person einfach nur anschauen. Wir können aber auch interpretieren, dass sie uns nicht mag. Plötzlich spüren wir Angst und Abwehr. Ein Gefühl entsteht durch Interpretation eines Zustands. Wir sind fast alle Sklaven dieser Gefühle: „Ich bin so traurig. Ich bin so verzweifelt. Ich komme nicht mehr weiter." Im Gefühl „hängen" heißt im Verstand hängen. Denn ein Gefühl ist ja nur eine Interpretation einer Situation und ein momentaner Schwingungszustand.

Therapie oder Beratung soll sich mit den Gefühlen beschäftigen – aber nur bis zu einem bestimmten Zeitpunkt. Wenn der Klient in der Sitzung oder der Partner zu Hause bereit dafür ist, können wir einen Schritt weitergehen: Gefühle sind Schwingungen von Erregung, Deutungen einer Wahrnehmung. Erregungszustände sind eine Reaktion auf eine Deutung einer Situation.

Wenn ich von Ihnen beschimpft werde, habe ich die Freiheit, wütend darauf zu reagieren, verletzt darauf zu reagieren oder gar nicht darauf zu reagieren. Letztendlich wäre ich Ihr Sklave, würde ich auf Ihren Angriff reagieren „müssen", also nicht anders können, als aggressiv oder verletzt oder traurig zu reagieren.

Wir sind dann oft wie die Maus im Labyrinth, die gelernt hat, wo der Käse liegt. Das nennt man reaktiv, gelernt, Trainingsprogramm. „Wenn du mich angreifst, reagiere ich wütend." – Training, Reaktion. Die Handlung erfolgt nicht authentisch aus meinem Innersten heraus, sondern ist Reiz-Reaktion. Wir glauben, dass wir so reagieren müssen, aber wir müssen das nicht. Wir können unsere Gefühle steuern. Wir können in Gefühle hineingehen und hinausgehen. Es gibt eine Freiheit der Wahl.

7. Freude ist mehr als ein Gefühl

Es gibt nur eine einzige Pflicht im Leben,
die zur Freude.
(Martina Schuster)

In der folgenden Geschichte wird die „Freude“ einige Abenteuer und Prüfungen bestehen. Sie muss durch neun Tore hindurchgehen. Diese Tore repräsentieren neun wesentliche Grundüberzeugungen zum Leben, wie sie von Wilhelm Reich, Alexander Lowen, Ron Kurtz und der CoreDynamik beschrieben worden sind. Sie skizzieren neun Überzeugungsmuster, die uns an einem erfüllten Leben hindern, und welche Haltungen und inneren Sätze uns dabei helfen können, diese Barrieren zu überwinden und zu einer entfalteten Freude zu gelangen.

Die Geschichte von der Freude

Die Freude hatte sich versteckt, in dieser einen Ecke, hinter dem Vorhang, unter der Decke. Ganz klein hatte sie sich gemacht. Sie schien wie tot, doch sie war nicht tot. Nein, sie war nicht gestorben. Sie hatte sich nur vorbereitet auf die Prüfungen, die ihr bevorstanden. Sie hatte gewartet. Heimlich und verborgen war sie gewachsen. Jetzt wollte sie ans Licht. Doch um ganz leben und feiern zu können, musste sie zuerst durch das Labyrinth der großen „neun Räume“.

Dicke Tore verschlossen jeden Raum im Labyrinth der großen neun Räume.

Vor dem ersten Raum war das große Tor mit der Aufschrift:

„Du darfst nicht sein. Du bist nicht willkommen!“

Die Freude erschrak und hatte eine tiefe Erinnerung an die alte Botschaft, dass sie nicht sein dürfe. Sie hatte Schmerzen, wurde schwach und wollte aufgeben: Durfte sie wirklich nicht existieren? Sie erschauderte und in ihrer alten Gewohnheit machte sie sich ganz klein. Es würgte sie im Hals, bis sie keine Luft mehr bekam. Doch dann besann sie sich eines Besseren. Sie atmete tief, spürte den Boden und spürte ihre Kraft.

Sie fühlte, roch, dachte und lauschte. Eine uralte weise, tröstende Stimme in ihr rief eindringlich und liebevoll: „Du darfst sein. Du bist hier auf dieser Welt herzlich willkommen.“

Sie setzte sich mit ihrer Existenzberechtigung auseinander und kämpfte und mühte sich, bis sie sich hinein entspannen konnte in dieses „Ja, ich darf sein. Ich muss nichts tun, um sein zu dürfen“.

Durch diese Erkenntnis, die sie auch im ganzen Körper empfinden konnte, öffnete sich die erste Tür. Kraftvoll ging sie durch das erste Tor und ging in den weiten Raum dahinter. Hier ruhte sie sich aus; hier genoss sie das Geburtsrecht, sein zu dürfen und genau so richtig zu sein.

Jedoch nach einiger Zeit musste sie weitergehen, denn sie wusste, dass sie noch einige Prüfungen zu bestehen hatte, bevor sie sich ganz ausruhen, feiern und leben konnte.

Im Weitergehen sah sie das zweite Tor, auf dem die Frage erschien:

„Bekomme ich genug? Reicht es aus? Werde ich satt?“

Sie hatte Angst, nicht genug zu bekommen, oder zu viel vom Falschen. Doch sie erkannte, dass die Angst eine Schwachstelle hatte: Wenn man mit ihr spricht, geht sie. Sie spürte in ihren Körper und merkte, dass da genug Lebendigkeit und Sattheit vorhanden waren, dass sie ausreichend zum Leben an Proviant mitbekommen hatte und dass sie das rechte Maß an Genuss finden konnte. „Ja, das Leben gibt mir ausreichend und Gutes.“

Sie entschied sich: „Ich sorge dafür, dass ich genug bekomme. Jetzt.“ Durch diesen Entschluss öffnete sich die zweite Tür in den zweiten Raum. Zufrieden ging sie durch das zweite Tor. In diesem Raum der Sattheit ruhte sie sich aus und genoss die Zufriedenheit.

Doch nach einiger wundervollen Zeit des Ruhens und Genießens kam erneut die Erkenntnis, dass sie noch weitere Prüfungen zu bestehen hatte.

Sie musste weiter und ging los.

Da war schon wieder ein Tor, das ihr den Weg verstellte. Über dem dritten Tor stand:

„Du musst alles allein machen! Du darfst keine Hilfe holen.“

Ja, das schien richtig. Sie sollte alles ohne Hilfe tun, bescheiden leben und wenig für sich einfordern. Sie schien zu schrumpfen, doch dann kam tief innen aus ihr eine neue Erlaubnis.

Sie entschied sich für eine neue Überzeugung vom Leben: „Ich darf mir Hilfe holen. Ich brauche es nicht mehr allein zu machen.“ In diesem Moment kamen Helfer und Wesen, die sie darin unterstützten, das dritte Tor zu öffnen.

Während sie es gemeinsam öffneten, erkannte sie: „Ich brauche nicht alles allein zu machen. Ich darf mir Hilfe holen. Ich darf mich gemeinsam freuen mit den anderen.“ Auch in diesem dritten Raum der Hilfe und Fülle ruhte sie sich aus.

Der innere Ruf verlangte jedoch einen erneuten Aufbruch.

An der vierten Tür, über der in wunderschöner Schrift:

„Verführung“

stand, dachte sie: „Um andere zu erreichen, muss ich sie verführen. Ich muss nett und charmant sein, um Kontakte zu leben. Ich muss mich verstellen und indirekt sein.“ Doch eine alte, liebevolle Stimme in ihr sprach wiederum zu ihr: „Du brauchst niemanden zu verführen, um dabei sein zu können. Direkter Kontakt ist erlaubt.“

Während sie diese neue Erkenntnis zu sich nahm, öffnete sich das nächste Tor. Sie merkte: „Nein, ich brauche niemanden mehr zu verführen, damit er mit mir ist. Ich brauche nicht immer nett und charmant zu sein, indirekt und mich verwinden. Ich kann klar und einfach fragen und bitten: Sei mit mir.“ So ruhte sie sich wieder im schlichten Kontakt mit anderen aus, nahm ihre Gefühle ernst und sagte klar Ja oder Nein.

Doch es warteten neue Prüfungen auf sie.

Sie musste weiter. Der Weg wurde schwer und dunkel. Da erschien das nächste Tor: ein dickes, schweres, uraltes Tor, von machtvollen Steinblöcken begrenzt. Über dessen Eingang stand:

„**Du musst mächtig sein und alles kontrollieren**."

„Ja", dachte sie, „das ist eine alte Erfahrung: Nur wenn ich die anderen kontrolliere, darf ich mitspielen und dabei sein."

Sie überlegte: War das wirklich so? Musste sie wirklich stärker als die anderen sein, um dazuzugehören? Musste sie wirklich alle spontanen Regungen kontrollieren und Macht ausüben? „Nein", erklang es in ihr, „das habe ich zu lange mit mir machen lassen. Das Spiel will ich nicht mehr spielen. Ich darf schwach sein und gehöre dennoch dazu."

So konnte sie die fünfte Tür mühelos öffnen. Dabei wurde sie so weit, dass sie merkte: „Ich brauche keine Macht mehr auszuüben, um andere für mich zu gewinnen. Ich brauche keine Kontrolle auszuüben, ich kann einfach da sein. Ich darf verletzlich sein und werde dennoch geliebt. Es reicht, dass ich da bin." Sie ruhte sich aus und lachte laut über alle Machtansprüche.

Doch die Prüfungen waren noch nicht beendet. Ein besonders zäher und düsterer Dämon wartete auf sie. Im Weitergehen bemerkte sie eine schwere Last auf ihrer Schulter, ihre Beine wurden müde und bleiern, während sie sich der nächsten Tür näherte. Die war besonders schwer, und sehr dicke Lettern standen darauf:

„S-C-H-U-L-D. Du darfst nicht Du sein."

Sie dachte nach: „Habe ich wirklich Schuld? Schuld, dass meine Mutter ... und dass mein Vater ...? Nein, das ist deren Verantwortung.“ Sie erkannte, dass es einen großen Unterschied zwischen Schuld und Schuldgefühlen gab. Einen kleinen Moment wollte sie sich unterwerfen, weil sie das so gewohnt war – Schuldgefühle kannte sie zu gut. Doch dann besann sie sich, spürte die Kraft in ihrem Becken, ihren Beinen, ihrer Brust: „Nein“, sagte sie freudig, „ich darf anders sein, ich bin anders, und gehöre dennoch dazu und ihr seid verantwortlich für euer Leben.“ In der Kraft der würdevollen Autonomie bleiben, das fühlte sich gut an.

Ja, da waren Schuldgefühle, die sie plagten – aber sie hatte keine wirkliche Schuld auf sich geladen. Sie ging in ihre Leichtigkeit, ihre Freude und tanzte vor der sechsten Tür. So ließ sich diese Tür der Schuldgefühle durch Freude ganz leicht öffnen. Sie sagte nur: „Ich bin nicht schuld, dass ihr unglücklich wart. Es ist eure Verantwortung. Ich darf, ohne zu verführen, ohne Macht auszuüben, einfach frei sein. Ich darf ich sein und ich darf anders sein als andere.“ Sie lachte, ließ ihrer Fröhlichkeit Raum in diesem sechsten Raum, dem Raum der Individualität.

Sie musste weiterziehen. Als sie sich der siebten Tür näherte, wurde sie plötzlich ganz verwirrt. In eigenartigen Lettern stand über der Tür:

„Verwirrung“.

Sie wurde merkwürdig aufgeregt, die Grenzen schienen sich aufzulösen, eine unklare, erotisch-sexuelle Energie bemächtigte sich ihrer. Wer war sie, Mädchen oder Frau, Tochter oder Geliebte? Sie spürte den Begleiter in sich zuraunen: „Du darfst dich abgrenzen, darfst Nein sagen. Dein Körper gehört dir!"

„Wie kann ich das alles halten, wie kann ich diese großen Energien halten und dennoch ruhig und gesammelt bei mir bleiben?", fragte sie sich. Sie meinte, viel zu viel der Freude zu haben.

Dann fühlte sie ihren Körper und ihre Grenzen und bemerkte, dass sie diesen wunderbaren Körper hat, dieses starke Gefäß, in dem sie alles *aufbewahren* kann, Die Verwirrung nahm ab, sie konnte die hohe Energie der Freude in ihrem Körper halten. Sie machte eine neue Erfahrung: Sie hatte Grenzen – Grenzen in ihrem Körper und in ihren Gefühlen. Das war gut so. „Ich darf mich abgrenzen. Mein Körper gehört mir." So genoss sie ihren Körper als stabiles Gefäß, das gut mit Energien umgehen konnte.

Doch sie musste weiter. Auf dem nächsten Weg wurde es wieder schwer. Alles musste perfekt und präzise sein. Sie wunderte sich, dass das achte Tor so großartig und artifiziell gebaut war, so riesig und unübersehbar.

Über dieser Tür stand in perfekt geschriebenen Lettern:

„Du musst die Beste sein. Du musst etwas Besonderes leisten. Fehler sind nicht erlaubt. Nur Höchstleistungen zählen hier!"

Sie dachte an ihre guten Leistungen, für die sie sich ein Leben lang angestrengt hatte. Eine plötzliche tiefe Eingebung sagte ihr: „Ich brauche das nicht mehr." Sie zögerte. War das wirklich so? Hatte sie nur eine Existenzberechtigung, wenn sie die Beste und Größte war? „Nein“, dachte sie, „ich darf ganz schlicht sein, einfach und alltäglich. Ich brauche nicht die größte Freude zu haben, vielleicht reicht ein kleines Schmunzeln oder ein kleines Lachen. Ich muss nicht Leistung bringen, um Freude zu erfüllen.“

Sie öffnete die achte Tür. Bald schon ruhte sie in diesem Raum der Selbstverständlichkeit und genoss es, dazuzugehören, ohne die Beste und Größte zu sein. Sie ließ allen Druck los, gut sein zu müssen. Sie fragte sich vielleicht zum ersten Mal: „Was will ich wirklich? Was ist mir wirklich wichtig? Wofür brenne ich, wofür stehe ich und wofür gehe ich?“ Sie fand ihre eigenen Maßstäbe und Regeln. Das war ein geniales Gefühl und der Weg war frei für den neunten Raum.

Sie erreichte ohne Anstrengung den neunten Raum, über dessen Tür stand:

„Jetzt!“

Da saßen alle Erlaubnisse um einen großen Tisch, tranken vom Wasser des Lebens und erzählten einander schöne Geschichten. Durch das Labyrinth der neun Tore gelangte sie schließlich ins Jetzt.

Jetzt, das war ja so einfach, so wonnig und gut. Sie fühlte noch die Wunden ihrer Kämpfe, doch ließ sie los und ging leichten Fußes in diesem weiten Land des Jetzt umher. Es war eine üppige Landschaft voll des blühenden Lebens, voll des leichten Atmens und der Freude. Die Freude war unbeschreiblich. Und als sie nun ganz zur Freude wurde, merkte sie, tanzend, dass all die scheinbar schwierigen Tore, durch die sie gegangen war, alles nur Gefühle waren, innere

Monster. Gefühle kommen und gehen, erkannte sie. Das war entlastend und befreiend.

Ihre ureigene Energie, war die einfach auch nur ein Gefühl, das kommt und geht, so wie Angst, Trauer und Wut? Die Freude spürte, dass sie, die Freude, irgendwie anders war als Angst, Trauer und Wut. Sie war stabiler, überdauernder, eigentlich immer da, auch wenn sie manchmal versteckt war, so wie ihre große Schwester, die Liebe. Sie spürte eine besondere Qualität, tiefer als Gefühle.

Freude ist mehr als ein Gefühl. Sie erkannte, dass sie das Wesen des Seins, das Prinzip des Lebens ist. Sie als Freude schien die Qualität des Lebens zu sein, die Grundpulsation. Sie erkannte und feierte: „Ich bin als Freude heilig, Heiligkeit ist die ursprüngliche Essenz des Lebens und damit des Menschen."

Dafür braucht es keinen Auslöser, diese Freude ist immer da. Sie ist das Wesen des Lebens. Sie konnte in ihren Herzraum lächeln, Leichtigkeit, Humor und Frohsinn einladen und sich in einen Strahl der Freude stellen.

In diesem Moment findet sie das fließende Leben, den fließenden Strom unterhalb der Alltagsaktivität. Sie war jetzt vollkommen und ganz und erwartete nicht mehr, dass irgendjemand anders sie glücklich macht. Sie erkannte, Freude hängt nicht vom Außen ab. Das Leben ist jetzt. Jetzt ist das Glück. Die Freude braucht man nicht zu suchen, sie ist schon da. Man braucht nicht mehr auf Sinn zu warten, in der Freude ist der ganze Sinn enthalten. Freude ist die Tür für das „große Tor".

8. Quellen der Freude

„Wenn man nicht darüber lachen kann,
kann man es auch nicht Tao nennen.“
(Laotse)

In seinem Buch „Und Nietzsche weinte“ beschreibt Irvin D. Yalom den Moment der Entstehung der Psychoanalyse, als es Friedrich Nietzsches Arzt gelang, eine Träne auf dessen Wange zu locken und ihn tief zu berühren – und Nietzsche weinte.

Der Beginn der Psychoanalyse und eigentlich die gesamte Entwicklung psychologisch-therapeutischer Schulen – das ist alles blutjung, das ist erst hundert Jahre alt – haben etwas mit Schmerzen zu tun, mit Trauer, Angst, Aufarbeiten alter Traumata und mit nicht gelebten Glücksmomenten, beschäftigen sich mit mangelnder Liebe durch die Mutter, den Vater usw.

Es ist gut und wichtig, dass wir uns mit unseren seelischen Wunden und Schattenaspekten auseinandersetzen. Was jedoch oft vernachlässigt wird, ist die andere Seite, nämlich Freude, Kreativität, Spiel, Augenblicklichkeit, Humor.

Wir können ganz bewusst diesen ***Wechsel*** vornehmen: Jetzt haben wir Traumata angeschaut, die Ängste, Defizite usw., und nun nehmen wir Kontakt auf mit Freude, Leichtigkeit und Schönheit des Lebens. Wir können uns von dem Konzept verabschieden: „Ich bin das Gefühl. Das Gefühl überwältigt mich. Ich komme da nicht heraus.“ Dann treten wir hinter das Gefühl mit dem Wissen, dass wir viel mehr sind als die wechselnde Dramatik der Gefühle.

Insofern könnte der Weg von „Und Nietzsche weinte“ zu „Und der Mensch lachte“ (siehe Anhang; ... und Einstein lachte) eine schöne Metapher sein für den Weg zu Freude und Lachen. Mit dem Wechsel vom Schmerz zur Freude übernehmen wir Verantwortung für unser Leben. Es darf zur bewussten Erkenntnis werden, dass Freude unser höchster Auftrag ist. Freude ist die höchste Form des Gebets. Freude ist Gottesdienst. Sie ist unsere eigentliche Aufgabe. In der Freude dehnen wir uns aus. Freude ist Weite.

Sind wir in einem Zustand von Weite, kann sich unser Bewusstsein ausdehnen, können wir über unsere begrenzte Vorstellung von Ich hinauswachsen. Wir treten ein in den Raum der Liebe, der Demut, in den Raum unserer eigentlichen Bestimmung: nämlich den der Bewusstseinserweiterung oder Freude. Sandor Marai hat das mit den heilsamen Worten ausgedrückt: „Was irgendwann nur noch wichtig ist, ist die Wahrheit ... in allen menschlichen Belangen: Die Spontaneität, die Freiwilligkeit, die Bereitschaft, sich selbst ohne Ziel und Absicht mit dem wunderbaren Geschenk der Freude zu überraschen“ (Marai, S. S 94).

Jubel ist unsere eigentliche Bestimmung. Das können wir bei jeder Blume sehen, die blüht. Freude hat viele Schattierungen: Lust, Lachen, Spaß, Vergnügen, Neues, Bewegung, Jetzt, Dankbarkeit, Glück und Demut.

Wenn wir über Freude sprechen, müssen wir miteinbeziehen, dass wir alle sehr unterschiedlich sind und jeder einen anderen Freude-Zugang hat. Für einen mag ein Witz völlig plump sein, während einem anderen vor Lachen die Tränen herunterlaufen. Unsere Eingangstore zu Freude und Bewusstheit sind sehr unterschiedlich.

Einstein machte Urlaub beim Bauern. Eines Morgens schenkte die Bäuerin ihm Kaffee ein, schaute dabei nach draußen und sagte: „Sieht nach Regen aus."

Darauf Einstein: „Wenn man genau hinschaut, könnte es vielleicht doch Kaffee sein."

Die verschiedenen Kanäle, durch die Freude fließt, können sein: Klang, Musik, Bewegung, Worte, Geruch, Berührung usw.

Was ist, liebe Leserin und lieber Leser, Ihre Form, Freude zu empfinden? Wie ist Ihre spezifische Art, sich zu freuen?

Wie sieht Ihr Freudekanal aus? Welchen Freudekanal möchten Sie entwickeln?

Fließen in eine therapeutische Sitzung Alltagshumor oder Witz ein, kann der Klient eine plötzliche Kippung seiner Wahrnehmung erleben. Das Prinzip des Witzes, und das hat uns Freud schon so beschrieben, ist Überraschung, das heißt, uns werden Konzepte aus der Hand geschlagen. Wir denken: „Klar, so geht es weiter." Der Lacher ist, dass es doch anders endet. Dies reicht bis zum großen kosmischen Lachen, in dem wir die Absurdität unserer Nöte und Sorgen erkennen. Ein guter Witz ist eine Kippung der Wahrnehmung.

Der Autofahrer hat bei seiner Fahrt durch ein Dorf einen Hahn überfahren. Schuldbewusst geht er zum Bauern: „Ich ersetze Ihnen den Hahn natürlich."

Darauf der Bauer: „Ich glaube nicht, dass Sie das wirklich können."

Nonsens, Witz, Humor sind Geschenke der Leichtigkeit. An die Stelle von „Jetzt muss ich schon wieder sechzig Minuten in die Therapie und habe sechzig Minuten Schmerzen“ tritt die Frage: „Wie können wir als Therapierende Leichtigkeit in den Kontakt mit dem Klienten bringen?“

Zu Beginn eines Therapieprozesses lassen sich Schmerzen oft nicht vermeiden. Aber gerade in den schlimmsten Schmerzen ist es gut, sie auch mit Leichtigkeit zu verbinden. Entscheidend ist, dass dies mit viel Respekt und Feingefühl geschieht. Gemeint ist ein sensibler Humor, der die Schwere relativiert. Gehirn und Gemüt lieben es, wenn Leichtigkeit angeboten wird.

Witz, Humor und Leichtigkeit sind eine Form von Kontaktkultur. Wenn wir es nicht können, lernen wir es. „Ich kann keine Witze erzählen, ich vergesse sie immer wieder.“ – Diese Ausrede gilt nicht. Wir können üben, Witze zu erinnern. Der Trick ist, sie zwei- oder dreimal weiter zu erzählen. Und: Witze sind Intelligenztraining, Umschaltübung, auch Rhetorikschulung. Der Witz muss mit Spannung erzählt werden, fordert Struktur und Darstellungskunst.

Witze katapultieren uns aus der engen Bindung an eine Situation und trainieren die Wahrnehmung, was der Verstand so alles macht. Wortspiele, Nonsens-Übungen, all das gehört in die Therapie.

Begegnen einander zwei Tiere. Sagt der eine: „Ich bin ein Wolfshund. Mein Papa war ein Wolf und meine Mama ein Hund. Und was bist du für einer?“ –

„Ich bin ein Ameisenbär.“ –
„Das glaube ich dir nicht!“

Lachen ist nicht nur Zwerchfellgymnastik, sondern kann zur Öffnung des Herzens führen. In Asien gibt es Klöster, in denen Mönche als Morgenmeditation eine halbe Stunde lachen.

Unsere Erfahrung zeigt, dass wirksamer und tiefergehend noch als Lachen das Lächeln ist. Das bestätigt auch der Hirnphysiologe Newberg; Lachen regt nach seinen Erkenntnissen andere Nervenbahnen an. Er betont, dass wir durch bloßes wiederholtes Lächeln Gemütsstörungen unterbrechen können und die neuronalen Fähigkeiten des Gehirns zur Aufrechterhaltung einer positiven Lebenseinstellung stärken können (Newberg, S. 205).

Thich Nhat Hanh empfiehlt, die „Lächelmeditation" jeden Tag regelmäßig zu üben. Lächeln ist in jeder Kultur der Welt neurologisch ansteckend. Dabei sind Frauen nach Newberg empfänglicher als Männer.

Ich möchte diese zentrale Stelle zitieren: „Lächeln belebt die Neuralkreisläufe und fördert Ihren zwischenmenschlichen Umgang, Ihr Einfühlungsvermögen und Ihre Stimmung. Ein Lächeln hat sogar eine so mächtige Wirkung auf das menschliche Gehirn, dass Sie sich beim Anblick eines fotografierten Lächelns automatisch glücklicher und sicherer fühlen" (ibid. S. 205).

Ich empfehle noch eine weitere Form der Quelle der Freude, die ich unabhängig von anderen Menschen durchführen kann, das Sunning. (Die Quellen der Freude mit anderen Menschen werden in einigen anderen Kapiteln beschrieben.)

Grob unterscheide ich vier Arten des Sunning:

a) mit der realen Sonne
b) mit einer vorgestellten Sonne
c) mit einer hellen Lampe
d) mit einem vorgestellten wohlwollenden Menschen, der uns bestrahlt.

Das Vorgehen ist immer gleich. Wir stellen uns in das Licht, nehmen die gute, helle Energie auf und spüren oder stellen uns vor, wie die Photonen als Urformen der Liebe in uns eindringen, uns ernähren und Freude in uns wachrufen. Die Freude ist ja immer da, sie muss nur wachgerufen werden.

Wir können das Licht durch unsere Handflächen und/oder durch unser Herz, durch unseren Stirnmittelpunkt oder durch andere Öffnungen unseres Körpers hereinlassen. Wenn wir geübt haben, dass wir uns nicht von unseren Gedanken ablenken lassen, können wir dabei immer mehr zu Licht werden und uns mit dem Licht verbinden, ja verschmelzen. In der Regel ist eine Minute schon sehr wirksam, wenn wir das jedoch regelmäßig für zwölf oder mehr Minuten tun, ändert sich unser Befinden und wir gewöhnen uns an die Tatsache, dass uns dieses Licht ernährt.

Wir verbinden uns mit der Wirklichkeit des Lichts in uns, wir verbinden uns mit dem Lichtwesen, das wir sind. Wir nehmen Kontakt auf zu unserer realen Existenz.

Sind das Lachen, das Lächeln und das Sunning, der Kontakt mit dem Licht außerhalb von uns und in uns als Quellen der Freude als gute Gewohnheiten etabliert, können wir einen Schritt weiter in die Freiheit gehen: Wir erfahren, dass wir grundlos glücklich sein können.

Durch das Fühlen unserer Existenz, des ICH BIN – ja, es gibt mich – können eine Haltung, ein Wissen und ein Bewusstsein entstehen, das eine Umkehr vieler bisheriger Gewohnheiten nach sich ziehen kann:

> Grundlos glücklich.
>
> Da ist ein tiefer Grund, das Sein, das mich trägt und das ich bin.
>
> Und darin bin ich grundlos glücklich.
>
> Ich spüre die Schmerzen und da ich ein lebendes Wesen bin, ist da auch Leid in meinem Leben.
>
> Und – ich bin grundlos glücklich.

Eine Freude-Psychologie kann diese existentielle Grundwahrheit des Seins nicht außer Acht lassen.

9. In der Freude ist der ganze Sinn enthalten

„Wenn du glücklich sein willst – lebe!“
(Leo Tolstoi)

Wir können uns nicht vorbereiten auf das Leben. Ich kann es mir gut gehen lassen und Bedingungen schaffen, indem ich mich beispielsweise entspanne, schwimmen gehe, Freunde treffe, gut esse. Letztlich ist ein freudvolles Leben jedoch ein Geschenk. Freude steht mir zwar zu. Aber ich kann sie nicht einfordern.

Wenn ich mich der Freude nähere, erlebe ich eine wunderbare Erkenntnis: Freude ist anders als die übrigen Gefühle. Sämtliche Gefühle kommen und gehen: Trauer kommt und geht, Angst kommt und geht, Wut kommt und geht – kein Gefühl bleibt. Freude ist anders. Freude ist die Grundschwingung des Lebens, die Grundqualität des Seins. Unsere Bestimmung ist der Jubel. Das sieht man bei jedem Kind, das unbeschwert spielt und tanzt und lacht. Insofern ist Freude auch nicht abhängig vom Außen, etwa ob mich jemand liebt oder ganz besonders nett zu mir ist. Freude braucht keinen Auslöser.

Wir benötigen lediglich die innere Bereitschaft und Öffnung dazu. Wir können in den Herzraum lächeln. Oder wir stellen uns in den Strahl der Freude, der immer da sein kann. Wir können ihn uns als goldenen Lichtstrahl oder in Regenbogenfarben vorstellen oder als Tanz der Freude. Jeder Mensch hat andere Kanäle. Der Wechsel vom abhängigen Schmerz zur freien Freude ist der Beginn der Unabhängigkeit: Wir sind durch ein Tor zur Freude gegangen. Wir dehnen uns aus ins Freudefeld, in diese unendliche Weite, die über das kleine Ego hinausgeht, in das, was viel größer ist als „Ich“.

Wir können wertschätzen lernen, was ist. Jetzt, genau jetzt. Wir können dabei zugleich diesen Strom unterhalb der Alltagsaktivität spüren: was hinter meiner Stimmung, meinen Gedanken und Gefühlen unablässig fließt an Freude, Lebensqualität und Lebensenergie.

Schlussendlich brauchen wir keinen Sinn mehr zu suchen: den Sinn des Lebens oder von irgendetwas. In der Freude ist der Sinn bereits enthalten. Freude ist die Verbindung mit dem Ganzen. Darin liegt der Sinn. An diesem Punkt sind Freude und Liebe sehr nah miteinander verbunden. Über die Freude gelangen wir ins Feld der unendlichen Potenziale und Möglichkeiten. Auch wenn es wie ein Geheimnis erscheint: Riskieren Sie es. Gehen Sie durch dieses große Tor in das Feld von Weite.

Es ist gut, sich immer wieder zu erinnern:
Was hat mich in meinem Leben bislang gefreut?
Worüber kann ich mich von Herzen freuen?
Was nährt meine Seele?
Wie spüre ich meinen Körper, wie fließt mein Atem, wenn ich mich freue?
Wie strömt meine Lebensenergie, wenn ich mich freue?

Finden Sie Ihren Weg zur Freude – sei es über Bilder, Gerüche, innere Worte oder über den (inneren) Tanz, oder einfach, indem Sie ins Nichts eintauchen, in Stille, Leere, in einen weiten Raum. Vielleicht ist es auch die Vorstellung von Gehen oder längst Angekommensein an der Quelle, das Sie in Freude versetzt. Genau jetzt können Sie die Freude einladen – diese Freude, die nicht abhängig ist vom Außen.

Manchmal ist es ein Baum mit seinen tiefen Wurzeln. Und manchmal ist es diese Unbeirrbarkeit von einem Freund oder einer Freundin, die mir beibringt, dass Leben ein Geschenk ist. Manchmal ist es eine kleine Amsel. Manchmal fällt es mir schwer, diese kleinen Dinge zu würdigen. Manchmal fällt es leicht.

Manchmal ist es der Geschmack von Honig auf dem Butterbrot, das die Liebste mir geschmiert hat, oder das große Lachen, das kosmische Lachen, das über alle unsere Sorgen lachen kann. Dieses Lachen ist auch ein großes Sterben: ein Sterben des Egos, des Festhaltens hinein in eine neue Freiheit. In solchen Momenten gibt es nichts zu tun, außer den Herzschlag zu hören, den Puls wahrzunehmen, den Rhythmus des Lebens.

10. Wir sind verantwortlich dafür, wie es uns geht

There is no way to happiness,
happiness is the way.

Glücklichsein ist eine bewusste Entscheidung. Wir können die Opferhaltung aufgeben und die eigene Handlungskompetenz übernehmen. Wir können uns bewusst und freiwillig vom Geschenk der Freude überraschen lassen.

Unsere Bestimmung ist Freude. Freude ist Dienst am Kosmos. Wir machen niemanden dadurch glücklich, dass wir unglücklich, verzweifelt, traurig, enttäuscht und machtlos sind. Wir sind verantwortlich dafür, wie es uns geht.

Diese Wendung in der Haltung der Therapeutin zu dem, den sie begleitet, ist auch eine Wendung in der eigenen inneren Haltung zu uns selbst. Kann ich entscheiden oder bleibe ich in dem „Ich armes Hascherl! Poor me!“ Wage ich diesen Schritt in die Verantwortlichkeit mir selbst gegenüber? Im Wissen, dass ich nicht viel machen kann (das Leben ist immer größer), entscheide ich mich für meinen Willen, so zu handeln, wie es mir und anderen gut tut. Ich bin frei. Ich lasse das Alte los. Heilsam und unterstützend ist dabei der Satz, der mich wie ein Sog in meine Verantwortlichkeit führt: „Frei ist nicht, wer tun kann, was er will, sondern wer werden kann, was er soll“ (Verfasser unbekannt).

Wir können uns bewusst in den Zustand von Strahlen und Weite, Glück, Ausdehnung, Zufriedenheit hineinversetzen. Dies geschieht durch die Entscheidung, dass das mir und anderen gut tut und dass ich bereit bin, glücklich zu sein. Ich verlasse die Opferrolle. Ohne Druck und Schuldgefühle übernehme ich Verantwortung dafür, welche Stimmungen und Gefühle ich einlade oder auslade.

Ich entscheide mich dafür, auf das Leben zu vertrauen. Ich beschließe zu glauben, das heißt, darauf zu vertrauen, dass das Leben es gut mit mir meint und ich in einer guten Gegenwart lebe und auf eine gute Zukunft zugehe. In dieser guten Zukunft ist für mich gesorgt, die Herausforderungen lassen mich wachsen und das Lebensnetz trägt mich.

Diese Entscheidung ist eine Mischung aus Verstandesaktivität und Öffnung für dieses Gefühl des Vertrauens, tief in mir.

Ich lasse meinen Willen aus dem Kopf in meinen Bauch wandern, ich bin zentriert und aufgerichtet, erlaube mir und anderen, unvollkommen zu sein.

Es ist ein weicher Wille, der aus dem Bauch kommt und auf die Stimme des Herzens hört. Es fühlt sich an wie eine wunderbare Mischung aus Verantwortlichkeit (meinem Leben gegenüber) und einem tiefen Vertrauen in mein Getragensein durch das Leben.

Mein Geigenbauer Martin Schleske fasst das in die Worte: „Wir haben zu entscheiden, was uns erfüllen oder beherrschen soll, ... können Dinge tun oder lassen, sie gestalten oder entstellen. Wir sollten ernst nehmen, wie sehr die Dinge offen sind. Das Heilige ist immer eine Wolke der Möglichkeiten“ (Schleske S. 180).

Aus der Erfahrung mit vielen Lebensentwürfen stelle ich der psychoanalytischen Konzeption mit der Existenzanalyse eine andere entgegen. An die Stelle der Automatie eines seelischen Apparats setze ich die Autonomie der seelischen Existenz. Es zeigt sich immer wieder, dass diese Kippung der Wahrnehmung einen leichteren Zugang zur Freude erlaubt. Wir erleben, dass die Erinnerung an das Verantwortlichkeitsgefühl wie eine Erinnerung an die Würde des Menschen ist, eine Erinnerung an seine Freiheit. „Versteht sich doch das menschliche Sein zutiefst als Verantwortlichsein und die Existenzanalyse als ‚Analyse auf Verantwortlichsein hin" (Frankel, 1988, S.12).

Wir können lernen, unsere Verantwortung, das darin enthaltene Freiheitsgefühl und unseren Handlungsspielraum zu genießen.

11. Abschied vom Habenwollen kann uns frei machen

Geben ist seliger denn Nehmen. Dies ist nicht nur eine alte Boxerweisheit, sie trifft auch im alltäglichen Leben zu. Wenn jemand meint, Geben und Nehmen müssen in einem System ausgeglichen sein (Hellinger), so stelle ich dem die Erfahrung gegenüber, dass die eigentliche Freiheit im Geben entsteht. Abschied vom Habenwollen macht uns frei.

Fragen dazu sind: Wie sehr nehme ich mich selbst an? Wie sehr liebe ich mich selbst? Vielleicht gelingt es mir in der Selbstliebe vom Habenwollen zum Gebenkönnen zu wachsen.

Liebe hat viel mit Demut zu tun, mit Nichtwissen, mit Sein-Lassen.

Am schwierigsten erscheint der Abschied von der romantischen Vorstellung: „Du sollst mich glücklich machen. Du sollst mich erfüllen, befreien, beschenken, befriedigen, mir das Gefühl von Sicherheit geben. Du bist für mein Glück verantwortlich." Dieser Anspruch an andere existiert bei uns erst seit der Romantik („Traumvorstellung Liebe – Der Irrtum des Abendlandes" von R. Johnson), aber er ist tief in uns eingegraben. Gesunde Seelennahrung besteht darin: „Ich sorge dafür, dass es mir gut geht. Du bist frei." Es ist ein Abschied von der romantischen Vorstellung, dass das Gegenüber verantwortlich fürs eigene Glück ist.

Der Klang unseres Lebens braucht zwar die Resonanz des anderen, des Du, des Gegenübers. Doch der innere Zustand von Güte, bewusstem Hingehen in die Güte gibt mir die Kraft, nicht für jedes Geschenk ein Gegengeschenk zu erwarten, zu geben ohne Erwartung. Die Aufgabe dabei ist, in der Wahrheit zu bleiben und sich nicht aufzugeben. „Wir spüren intuitiv: Eine Güte ohne Wahrheit ist nicht gut, eine Wahrheit ohne Güte ist nicht wahr“ (Schleske S. 83).

Oft fragen wir, was uns eine bestimmte Handlung bringt. Wir fragen: „Was bringt mir das?“ Die großen Dinge jedoch werden von Menschen gebracht, die eine neugierige Liebe ohne Erwartung haben. Ich kenne die Not von Schleske (S. 79) aus vielen „erfolgsorientierten“ Managementtrainings: „Auf Dauer macht es unendlich müde, wenn man nur mit Menschen zu tun hat, die keine andere Frage kennen als die, was es bringt.“

Wir können lernen, nicht mehr nach dem unmittelbaren Nutzen zu fragen, lernen, etwas reifen zu lassen oder auch ganz in den Zustand des Spielens ohne Erwartungen zu treten. Schiller sagte einmal: „Der Mensch wird da ganz Mensch, wo er spielt.“ Homo ludens. Verantwortungsvolles Spielen. Das ist kein Paradoxon, sondern eine große Erlaubnis, ganz ins freudige, liebevolle Menschssein zu kommen.

Was machst du da? – „Ich spiele – im Bewusstsein des Ganzen, verantwortlich, freudig, verspielt, liebend.“

Die Unabhängigkeit vom Ergebnis ist eine Würde des Menschseins, sie führt uns direkt in einen Zustand, der oft mit der Freiheit gemeinsam erscheint – die Freude.

12. Wir sind frei

„Ich bin dafür verantwortlich, wie es mir geht." – Es braucht viel Vorbereitung, bis jemand wirklich bereit ist, voll und ganz zu diesem Satz zu stehen, wirklich bereit ist, dies zu leben. Vielleicht dienen Therapie oder Beratung und Training nur dazu, sich auf diese Einsicht vorzubereiten: Wir können wählen und unseren Willen einsetzen. Es gibt Momente, in denen sind wir erschreckend frei.

Auf einer Ebene sind wir Menschen Einflüssen ausgesetzt, die auf uns wirken, so oder so. Wir werden von unserer Biografie, den umgebenden Schwingungen, das heißt dem Feld, der Gesellschaft, von Denkströmungen geprägt. Doch jenseits der Bedingtheit durch Umwelteinflüsse sind wir frei. In Freiheit zu handeln ist ein anderes Wort für Würde.

Es ist eine ungeheuerliche Behauptung, eine umwerfende Erfahrung und ein befreiendes Bild vom Menschen, zu spüren, dass wir frei sind, unsere Gedanken und Gefühle zu beeinflussen. Wenn ich darüber spreche, sagen die Zuhörer oft zuerst, dass sie selbst dann doch nicht mehr authentisch seien. Wenn sie jedoch diese Erfahrung des Wählens und Bestimmens gemacht haben, merken sie, dass sie eigentlich dadurch in einen höheren Grad der Authentizität kommen und ganz bei sich sind, denn sie fühlen sich frei – frei vom Getriebensein der Gedanken und Gefühle, Emotionen und inneren Strebungen.

Wir können Energien lenken und entsprechend ausstrahlen.
Wir sind verantwortlich für die Energie, die wir ausstrahlen.

Wir sind als Menschen, die wir ja im Wesentlichen Energiewesen sind, in der Lage, zu entscheiden, welche Energie wir aussenden.

Diese Erfahrung bedeutet eine ungeheuere Freiheit für uns, sie ist eine große Herausforderung für uns und kann unser Empfinden und unsere Anschauung von der Welt und unser Selbstbewusstsein völlig auf den Kopf stellen.

Ich habe die Erfahrung gemacht, dass Menschen, auch wenn sie sich zuerst gegen diese Erfahrung wehren, sich nach einer Zeit dieser Ungeheuerlichkeit öffnen können und diese als eine Realität des Menschseins in sich annehmen können.

Wir können Energien von Wut, Ärger, Zorn, Traurigkeit verbreiten. Wir können Wärme, Liebe, Stille, Raum, gesunde Schwingung verströmen.

Welchen Schalter wir auch immer wählen, wir sind dafür verantwortlich.

Wir können Verantwortlichkeit üben und uns in der Meditation auf alltägliche Situationen vorbereiten: Wofür brenne ich? Wofür stehe ich? Wofür gehe ich?

Reagieren-Müssen steht im Zusammenhang mit unserer Biografie: Häufig leben wir nach Drehbüchern, die wir vor Jahrzehnten geschrieben haben. Gefühle führen uns ins nächste Land, das eng mit ihnen verbunden ist: Das ist die Landschaft unserer Geschichten und Geschichte, unserer Gewordenheit. Wir sagen auch Biografie dazu. Wollen wir uns wirklich umfassend verstehen, gehört die Kenntnis unserer Geschichte dazu.

13. Die Vergangenheit existiert nicht mehr

Wie bin ich so geworden? Wie sind mein Körper, meine Gewohnheiten, meine Stärken und Schwächen so geworden, wie sie sind?

Warum habe ich vor etwas Angst, wovor andere wenig oder keine Angst haben?
Warum wiederholen sich in meinem Leben bestimmte Dramen wieder und wieder?
Warum mag ich etwas leidenschaftlich, was die wenigsten Menschen verstehen?
Warum suche ich mir immer wieder einen ähnlichen Partner?
Warum komme ich von dieser Sucht nicht los?

Gedanken prägen Gefühle, und Gefühle wiederum sind auf den Körper bezogen. Gedanken, Gefühle und Körperempfindungen sind biografisch geprägt und bewirken durch unsere innere Einstellung (wir können auch Bewertung sagen) die Gefühle und umgekehrt.

Psychologische und psychotherapeutische Schulen sind die sogenannte Wissenschaft vom Menschen. Wissenschaft ist jedoch nichts anderes als ein strukturierter Dialog zwischen Menschen. Wissenschaft, das sind Meinungen, die in sauberer Form formuliert und zusammengefasst sind. Beschreibungen von Phänomenen. Nichts weiter. Jeder Exaktheitsanspruch ist unrealistisch. Jeder letzte Wahrheitsanspruch darin ist eine Illusion, denn jede Wissenschaft ist auch nur von Menschen gemacht.

Wir dürfen skeptisch sein, was den allgemeingültigen Wahrheitsgehalt psychologischer Schulen betrifft. Wir erkennen nämlich, dass es auch hierin Moden gibt, Stile und Richtungen, die je nach Zeitgeist kommen und wieder vergehen. So haben wir in den letzten achtzig Jahren großen Wert auf die Vergangenheit gelegt. Dies war und ist richtig.

Wir müssen jedoch auch bedenken, dass so, wie wir den Menschen sehen, was wir für eine zugrundeliegende Anthropologie annehmen, sich die entsprechenden Methoden entwickeln. Wenn wir den Menschen als kausal bedingt von seiner Kindheit bestimmt sehen, dann wird sich Therapie immer mit der Vergangenheit und der Aufarbeitung kindlicher Traumata beschäftigen, selten oder gar nicht mit Gegenwart oder Zukunft.

Dies wird ausführlich von Ken Wilber, von Mirco Weinreich und in meinem Buch „CoreDynamik" ausgeführt. Wir verdeutlichen, dass das zugrundeliegende Modell vom Menschen die therapeutische Herangehensweise bestimmt. Das eigene Bild vom Menschen prägt die empfohlenen Methoden. Die fundamentale Bedeutung dieses Satzes kann nicht genug betont werden.

Ich möchte hier deutlich machen, dass es wichtig ist, Vergangenheit aufzuarbeiten, dass wir unsere eigene Geschichte kennen lernen, persönlich und gesellschaftlich, um sie nicht wiederholen zu müssen.

Es ist notwendig, die einzelnen Familienmythen, die Familiengewohnheiten zu erforschen, zu erinnern und durchzuarbeiten. Nur das, was wir durchgearbeitet haben, können wir wieder loslassen oder auflösen. Ganze Bibliotheken sind darüber geschrieben worden, wie das Kind in verschiedenen frühkindlichen Phasen durch bestimmte Eltern- und Erziehereinflüsse geprägt ist. Dies ist und war wichtig. Ich habe in den letzten fünfunddreißig Jahren meiner therapeutischen Praxis eindrücklich erlebt, dass durch Beschreibung des persönlichen Lebenspanoramas und Durcharbeitung verschiedener traumatischer Szenen eine große Erlösungskraft freigesetzt werden kann.

Die Art und Weise der Blickrichtung aufs eigene Lebenspanorama ist jedoch bedeutend. Ich kann auf die Traumata, die Verletzungen, die Schuld, die Schmerzen und Krankheiten blicken. Ich kann jedoch auch auf Ressourcen, auf gelungene Kontakte, auf die kleinen und großen Liebeserlebnisse und geglückten Akte blicken.

Ich kann meine Eltern und Erzieher, Lehrer und Nachbarsmütter unter dem Aspekt anschauen, was ich von ihnen bekommen habe: an Geschenken, an Unterstützungen, an positiven Impulsen. Ich habe mit Sicherheit etwas Gutes von ihnen bekommen, sonst wäre ich heute nicht so.

Ich kann einzelne Szenen des Glücks erinnern und diese Szenen des Fließens, Gelingens und Kontakts in einem großen Bild malen. Dies zeigt mir eine Landkarte der Ressourcen und der Nahrung, die ich in meinem Leben bekommen habe.

So wie wir oben die Geschichte der Freude beschrieben haben, müssen wir durch bestimmte Prüfungen, Tore und Traumata hindurchgehen. Wir beleuchten sie mit dem Licht der Erinnerung, holen sie ins Bewusstsein und schauen sie erneut liebevoll an.

Es ist gut, möglichst viele Lebensmuster, die aus der Vergangenheit herrühren, anzuschauen, aufzuschreiben, bewusst zu machen, zu tanzen, zu singen und loszulassen. Vergangenheit ist wichtig. Wir sind uralt. ***Und*** Vergangenheit existiert nicht mehr. Dies *scheint* ein

Widerspruch zu sein. Wenn wir beide Positionen durch ein *Und* verbinden, erkennen wir, dass beides eine wichtige Ebene des Lebens beschreibt.

Wir haben gelernt, Widersprüchliches als sich Ausschließendes zu empfinden. Die beiden Ansätze schließen sich jedoch nicht aus, sondern ergänzen sich wechselseitig. Es ist wichtig, die Vergangenheit anzuschauen ***und*** zu überwinden.

Nicht nur das, was wir konkret im Leben erfahren haben, kann erinnert und angeschaut werden. Wir können darüber hinaus auch Erinnerungen aus unserer Seelenfamilie rekonstruieren. Denn wie wir später feststellen werden, sind wir viel älter als dreißig, vierzig oder sechzig Jahre. Ich kann mich viel tiefer fragen, woher ich komme, welche Strömungen, auch geistesgeschichtliche Strömungen, sich in mir wiederholen. Ich kann Bilder aus uralten Erfahrungen aufsteigen lassen, ohne nun entscheiden zu müssen, ob es sich hier um „frühere Leben" oder um Ähnliches handelt oder ob es Seelenerinnerungsbilder sind oder anderes, Unbekanntes ist, die mich prägten.

Wenn wir zum Beispiel bestimmte Romane lesen oder Filme sehen, können wir bemerken, dass wir bei bestimmten Bildern und Geschichten ein ganz intensives, quasi nicht hinterfragbares Erinnerungsgefühl bekommen von Déjà-vu oder von schon einmal gefühlt, dass wir besonders berührt sind, wenn es zum Beispiel um die Prärieindianer, Germanen, Wikinger oder andere Stämme geht.

Unser Gehirn ist, wie später erläutert wird, nicht nur ein Speichermedium, sondern vor allem ein Empfänger. Wir können alle diese Informationen, die in uns und um uns herum in unserem Energiesystem sind, auffangen.

Ganz konkret wurzelt meine Familie in einem Stamm und einem Volk.

Bei aller Vorsicht, die wir Deutschen hinsichtlich solcher Formulierungen gebrauchen müssen, um nicht in irgendeine Form von Nationalismus zu geraten, können wir doch heute wieder riskieren, uns als Stammesmitglieder mit einer bestimmten Tradition zu empfinden.

Wenn wir tiefer gehen und die Qualität und Energie unserer Seelenfamilie spüren, wird die Erfahrungsbasis noch breiter. Was sagt mir beispielsweise Indien, was sagt mir Tibet, was sagt mir Afrika an Emotionen, Gefühlen, Körperempfindungen? Warum zieht es mich in eine bestimmte Stadt? Warum mag ich Zigeunermusik besonders gern? Warum muss ich bei bestimmter brasilianischer Musik eher weinen als bei Musik anderer Volksstämme?

Sie können diese Fragen offen lassen und nur ihr Bewusstsein diesbezüglich erweitern.

Erinnerung macht reich.

Je mehr ich erinnere und je mehr ich aus meiner persönlichen und kollektiven Vergangenheit ins Bewusstsein hole, umso reicher wird mein Seelenleben. Dies bezieht sich auch auf die systemische Wahrnehmung meines Lebens. Ich bin ein konstituierender Teil und Aspekt dieses Gesamtsystems, das wir Familie und Stammbaum nennen.

Es ist gut, mehrere Generationen nach oben zu fühlen und zu spüren, was da von meinen Großeltern und Urgroßeltern auf meine Geschwister und auf mich herunterkommt, welche Last und Schuld ich trage, welche Glücksbotschaften gekommen sind, welche Segnungen meiner Ahnen mir bewusst werden können.

Dies können kleine und große Energien sein. Eltern, Großeltern und noch ältere Ahnen können Bäume gepflanzt, Häuser gebaut, Gedanken gehabt haben nur für ihre Enkel und Urenkel. Sie haben insofern eine positive Energie geschickt, derer wir uns bewusst werden können. Diese Energie kann noch jetzt heilsam sein.

Wir werden später noch von der archetypischen Energie sprechen, die über diese persönlich-systemische Energie viel weiter über die Jahrtausende des Menschseins hinausgeht.

Wer im großen Familien-System braucht Erlösung? Wer ist vergessen worden? Wer braucht Würdigung? Welche Aufgaben haben sich Ahnen gesetzt, die ich jetzt erfülle?

Wenn wir uns in das wissende Feld stellen, das Feld unserer Seele, können wir viele dieser Informationen rekonstruieren, spüren und entweder annehmen oder nicht – und auflösen. Sie wirken und müssen als solche ernst genommen werden, in unser Leben integriert oder verabschiedet werden.

Ich möchte noch einmal wiederholen und betonen, dass die Erarbeitung der eigenen biografischen Muster, Blockaden, Traumatisierungen und Stabilitätsfaktoren von eminenter Bedeutung ist. Zuerst kommt das Anschauen des Dramas, dann kommt das Loslösen vom Drama.

Jeder heilsame Prozess mit Menschen muss in mehreren Phasen verlaufen, wobei die Konzepte und Methoden am Anfang andere sind als in der Mitte eines Weges und wieder andere für den fortgeschrittenen Prozess.

Die Versprechungen von Kurzzeittherapie und vielen anderen „Schnellmethoden" sind eine Illusion. Es kann zwar dieses und jenes Symptom in einer Zauberstunde zum Verschwinden gebracht werden, eine langfristige und gründliche Veränderung von Mustern und Grundüberzeugungen braucht jedoch einen didaktischen Prozess in mehreren Phasen. Der Grundsatz gilt: „Erst rein in die Sauce, dann raus aus der Sauce." Das heißt: „Erst rein ins Gefühl, dann raus aus der emotionalen Verstrickung."

Im Folgenden legen wir den Schwerpunkt auf das „Raus aus der Sauce", wohl voraussetzend, dass vorher eine gründliche Selbsterforschung, Erfahren und Ausleben der Gefühle stattgefunden haben.

Im Bewusstsein dieses Geprägtseins durch die Vergangenheit treten wir aus der Konzeption von Kausalität heraus und erleben uns nicht mehr als Ursache-Wirkungs-Spiel unserer Geschichte. Wir können erkennen, dass die Vergangenheit uns als damalige Gegenwart beeinflusst hat.

Wir sind geprägt von ihr, das ist klar. Doch Vergangenheit ist längst vorbei. Die Tür geht jetzt nicht auf und Ihre Mutter kommt herein und kritisiert Sie wegen eines Fehlers. Nein, Vergangenheit existiert nicht mehr. Wir können frei sein von Konditionierungen der Vergangenheit.

Dieser Moment kann reine Gegenwart sein.

Das ist nicht leicht zu erreichen, doch es ist möglich. Es bedeutet, den Abschied vom Ursache-Wirkungs-Denken zu wagen, sich vom

Determinismus zu lösen: „Weil mein Papa das und das gesagt hat, als ich sieben war und ich das und das gemacht habe, bin ich jetzt leider nicht in der Lage, dir meine Liebe zu schenken."

Ursache-Wirkungs-Prinzipien treffen selbst in der Physik nur in sehr engen Bereichen zu. Im menschlichen können wir Abschied nehmen von Kausalität. Wir sind frei. Ich kann mich in jedem Moment ändern, indem ich wahrnehme, wie ich bin. Ich kann neue Räume betreten, neue Terrains erobern. Ich bin nicht festgelegt auf meine Geschichte, auf meine Biografie: „Ach, ich bin so ein armes Duseli, weil ..."

Nein, ich bin frei, jetzt neue Räume zu öffnen. Vergangenheit hat mich geprägt ***und*** ich bin frei.

Vergangenheit als biografische Muster erleben wir oftmals als Blockaden, manchmal aber auch als Unterstützung. Erleben wir sie als Blockaden, können wir die tröstende Erfahrung dem gegenüberstellen, dass diese Lösung von Bremsen uns schon oft geglückt ist, dass wir frei sind, dass wir nicht Sklaven der Vergangenheit sind und nicht wie eine Marionette an den Fäden unserer Geschichte hängen, sondern neue Wege gehen können, wählen können, welche Weggabelung hilfreich für den nächsten Schritt ist.

Pir Vilayat Inayat Khan hat dies oft betont, und wenn wir diesem Satz in uns einen Platz geben, wenn wir ihn oft wiederholen und ihn in Krisen und Entscheidungen zur Hilfe holen, dann kann er sehr wirksam, tröstend und zukunftsweisend sein: „Die Bremsen der Vergangenheit sind nicht so stark wie der Sog der Zukunft. **Die Kraft der Vision ist stärker als die Blockaden der Vergangenheit."**

14. Es ist gut, sich vom Drama zu verabschieden und zu verzeihen

Ich habe oft erlebt, dass es für Menschen sehr schwer ist, sich vorzustellen, dass ihre Eltern einander liebten und eine gemeinsame Sexualität hatten. Sie müssen Sex gehabt haben, denn aus ihnen wurden wir alle gezeugt und geboren. Mit Sicherheit haben unsere Eltern einander geliebt, gab es Momente der Innigkeit, der Zuwendung und der Herzlichkeit. Es ist heilsam, das zu erkennen.

Wenn wir Menschen beginnen können, unsere Ahnen zu würdigen und deren positive Qualitäten, die wir ja geerbt haben, anzunehmen, erfolgt oftmals eine starke Veränderung im Leben. Wir sind nicht nur Kinder unserer Eltern. Biologisch real ***sind*** wir unsere Eltern. Wir sind aus ihren Zellen entstanden, aus genau den Zellen der Eltern, die, wenn sie weitergegeben werden, unsterblich sind. Daraus ist unser Körper entstanden.

Wir sind also unsere Eltern. Deshalb tut es uns gut, wenn wir lernen, unsere Eltern zu akzeptieren, zu lieben und anzunehmen. In den Selbsterfahrungs- und Therapiegruppen haben wir lange auf die Eltern geschimpft, viele Jahrzehnte haben wir gewütet, gebrüllt und geschlagen. Dieser Gefühlsausbruch ist nach wie vor wichtig, denn wir müssen das ganze Spektrum der Gefühle erfahren können.

Und so, wie wir zu unseren Eltern fühlen, so fühlen wir zur ganzen Welt hin. Was hinsichtlich der Gefühle zu unseren Eltern verengt und blockiert ist, ist zu allen Menschen und zur Welt hin blockiert.

Deswegen müssen wir zuerst Angst, Ärger und Wut auf unsere Eltern spüren und dann langsam in einem feinen Prozess die dahinter liegende Liebe, Achtung und Zuwendung wahrnehmen.

Irgendwann kann aus dieser Liebe zur Welt Verantwortung für die Welt, Verantwortung für die Natur, für die Kinder der Erde, für Alte und Kranke und andere erwachsen.

In diesem Zusammenhang ist das Verzeihen einer der schwierigsten, aber auch wichtigsten Schritte. Es ist essenziell, auf einer tiefen Ebene zu verzeihen – uns selbst und anderen – und Liebe zu leben. Damit setzen wir viel Kraft, Kreativität und Lebensfreude frei. Die Meisterprüfung für Fortgeschrittene besteht darin, Mutter und Vater zu verzeihen und zu lieben.

Genauso schwer ist der Abschied vom Drama, vom alten Denken: „Wenn es schwer ist, ist es wertvoller. Wenn es anstrengend ist, ist es wertvoller. Wenn es Arbeit ist, ist es wertvoller."

Vielleicht darf Leben einfach leicht sein. Vielleicht darf es einfach nur gut sein. Vielleicht darf ich mein Gegenüber nur verstehen und lieb haben.

Abschied vom Drama heißt auch, Mama und Papa loszulassen oder andere Menschen, die uns verletzt oder geschädigt haben. Wir dürfen sie loslassen, sie verabschieden, eine Grenze ziehen: „Danke, habt euren Frieden. Ich lasse euch in Frieden ziehen. Ich bin selbst verantwortlich."

Es kann hilfreich sein, diese Sätze in einem Ritual zu sprechen, zu zelebrieren, mit oder ohne Zeugen. Sehr feierlich oder ganz und gar unfeierlich, so wie man das braucht, damit es wirkt. Man bedankt sich in diesem Ritual bei den Dramen des eigenen Lebens, beschreibt möglichst genau, wie diese Dramen bisweilen geholfen haben, und verabschiedet sich: „Danke, ich brauche euch nicht mehr …"

Dennoch wird unser Leben weiterhin Schwierigkeiten zeitigen. Es gibt kein konfliktfreies Leben. Allein die Vorstellung davon ist eine Illusion, die uns in Sackgassen führt. Wenn ich mich jedoch nicht mehr abhängig mache von den Dramen, kann ich zu einem bewussten Umgang mit Schwierigkeiten kommen und muss nicht mehr zwanghaft Dramen wiederholen. Ich kann größeren Abstand gewinnen und manchmal freundlich sagen: „Hallo, da bist du ja wieder." Ich kann ein anderes Verhältnis zu den Schmerzen und Schwierigkeiten im Leben gewinnen.

Sich vom Drama zu verabschieden und zu verzeihen, ist einmal eine psychohygienische Notwendigkeit – auch im eigenen Interesse – und – im Fremdinteresse –, um den anderen Menschen energetisch freizulassen, damit er oder sie ihr eigenes Leben gut weiterleben kann.

Er oder sie hat ihr Bestes gegeben und auch im anderen Menschen gibt es einen Kern der grundsätzlichen Gutheit. Wenn wir an unsere eigene grundlegende Gutheit denken, die im Kapitel „Können wir Selbstannahme lernen?" (siehe Kap. 29) beschrieben wird, sollten wir uns bewusst machen, dass dies auch für unser jeweiliges Gegenüber gilt.

Und: Wir machen alle Fehler. Es ist gut, Fehler zu machen oder zu irren, umzuwerten und von nun an positiv zu bewerten. „Fehler" sind die Grundlage des menschlichen Denkprozesses. Wenn wir nicht mit dieser Fähigkeit ausgerüstet wären, etwas falsch zu machen, dann könnten wir niemals irgendetwas Sinnvolles zustande bringen. Wir denken uns unseren Weg entlang von „richtig und falsch“, und falsche Alternativen müssen genauso oft gewählt werden wie die richtigen. So kommen wir weiter im Leben. Wir sind gemacht für den „Fehler“. Das ist ein heilsames Prinzip der Evolution, wie der Mediziner Lewis Thomas in seinem inspirierenden Buch „A long line of Cells“ schreibt.

Irren ist menschlich, und das hat bereits eine biologische Grundlage. Es ist ein Erkundungsvorgang, ohne den wir gar nichts Neues lernen würden. Aber auf der psychologischen Ebene wollen wir oft am Alten festhalten und wehren uns gegen jede Veränderung.

Wir brauchen ein besseres Wort als „Fehler“ für diese treibende Kraft in der Evolution. Wenn wir das Wort „irren“ auf seinen Wortstamm untersuchen, stellen wir fest: Es kommt von einem alten Wort, das so viel meint wie „herumwandern“ und „nach etwas suchen“.

Also wären „Suchbewegung“, „Orientierungsbewegung“, „Versuch“, „Wachstumsprozess“ oder einfach „Lernen“ bessere Wörter für Fehler. Und Lernen und das Erfahren von Neuem stimulieren offenbar unser Gehirn im Lust- und Freudezentrum besonders stark.

Verzeihen ist eine gute und notwendige Möglichkeit, um diesem Freude-Erleben in uns den Raum zu öffnen. Anderen verzeihen ist schon wichtig, viel wichtiger ist jedoch, sich selbst zu verzeihen. Es ist oft so schwer, wir sind uns selbst oft der schärfste Kritiker und Gegner. Durch Bewusstheit können wir das in Selbstakzeptanz, nachsichtiges Vergeben und Gut-zu-sich-Sein wandeln.

Das ist eine Grundlage, um anderen verzeihen zu lernen. Wir haben geschildert, dass wir laufend „Fehler“ machen müssen. Und wir können uns dahin entwickeln, uns dann auch wieder sofort zu verzeihen, die eigenen „Fehler“ als entwicklungsnotwendig zu würdigen und anzuerkennen.

Der Hirnphysiologe Andrew Newberg betont, dass das Verzeihen für das Gehirn und allgemein für die Gesundheit von großer Bedeutung ist. „Allein der Entschluss, eine unversöhnliche Einstellung durch eine versöhnliche zu ersetzen, löst im peripheren und zentralen Nervensystem Reaktionen aus, die Ihre körperliche und Ihre psychische Gesundheit fördern“ (2010, S. 287). Er sagt, verzeihen ist die schwierigste – und auch wichtigste – Meditation der Welt.

Er schlägt versöhnliche Sätze vor, die zuerst zu sich selbst gesprochen werden. Diese erste Phase ist oftmals die schwierigste:

- *Möge ich glücklich sein.*
- *Möge es mir wohl ergehen.*
- *Möge ich mit Liebe und Frieden erfüllt sein.*

„Ich kann gar nicht genug betonen, wie wichtig es aus neurologischer Sicht ist, sich selbst zu lieben“ (Newberg, S. 288).

Danach nennt er eine Sequenz, in der der Übende jeweils abwechselnd zu sich, zu einem geliebten Gegenüber und zu einer nicht geliebten oder gar abgelehnten Person die Worte wiederholt:

- *Mögest du glücklich sein.*
- *Möge es dir wohl ergehen.*
- *Mögest du mit Liebe und Frieden erfüllt sein.*

Der Adressat wechselt jeweils und wir beobachten, wo das Verzeihen uns leicht fällt und wo es schwer wird. Abschließend dehnen Sie Liebe, Freundlichkeit, Verzeihen und verständnisvolle Nachsicht auf die ganze Welt aus:

- *Mögen alle glücklich sein.*
- *Möge es allen wohl ergehen.*
- *Mögen alle mit Liebe und Frieden erfüllt sein.*

Hinter dem Verzeihen gibt es noch eine tiefere Dimension: Wenn wir durch die Selbstbeschimpfung hindurchtauchen und zur Selbstannahme und Selbstliebe gelangen, können wir erkennen und spüren, dass es eine wertfreie Dimension des puren Seins in uns gibt.

Das pure Sein, das „Ich Bin", das nicht vom Kopf her verstanden werden kann, sondern nur vom ganzen Wesen her als unsere tiefste Existenz erfasst, geahnt, gespürt und geatmet werden kann.

KÖRPERLANDSCHAFTEN

Aufmerksamkeit im Körper und
Erleben von Körperempfindungen sind das
Bindeglied zwischen Gedanken, Gefühlen und Biografie.

15. Das Leben lebt

Einstein erkannte, dass die Welt nicht nach dem alten mechanistischen Modell der Maschine funktioniert, dass es nicht Räder und Rädchen sind, die da nach den Gesetzen der Kausalität die Welt in Bewegung halten, dass es nicht feste Materieteilchen sind, die durch mechanische Reibung, nach ausschließlich chemischen und physikalischen Gesetzen das produzieren, was wir Leben nennen. Einstein erkannte weiter, dass Leben lebt, dass das Leben lebendig ist.

Ich erzähle im Anhang die Geschichte, dass Einstein lächelte, weil er schließlich akzeptierte, dass das Leben lebendiger Geist ist. Er lächelte, weil er sich freute, und entspannte sich hinein in diese tiefere Erkenntnis des Lebens als lebendigen geistigen Prozess.

Er erkannte, dass das Leben einem geheimnisvollen Gesetz der Lebendigkeit folgt, das viel größer ist, als es jemals die Physik erfassen kann. Es ist ein eigentümlich glühendes, pulsierendes, schwingendes Lebendiges, das sich jeder Definition entzieht. Einstein fasste es auf wunderbare Weise zusammen, dieses Geheimnis des Lebens: „Musizieren, lieben und Maul halten."

Das Leben lebt: Diese ungeheuerliche Erkenntnis ist zwar Alltagswissen, sie wird jedoch in ihrer gewaltigen Bedeutung oft vernachlässigt, ja übersehen. Das Leben lebt, heißt, da existiert um uns und in uns ein riesiger Organismus, der ständig atmet, pulst, abstirbt, neu entsteht, liebt, leidet, wächst und schwingt.

Was aber ist das Lebendige?

Was ist dieses eigenartig geheimnisvoll pulsierende Etwas, das entsteht und vergeht?

Es ist den Gesetzen des Kosmos unterworfen, ja, und es übersteigt doch unser altes physikalisches Weltbild. Es ist nicht aus reiner Materie entstanden und unterliegt nicht den Gesetzen von Ursache und Wirkung. Geistige Phänomene wirken tief in ihm. Es besteht sogar aus geistigen Prozessen.

Die Frage tut gut: Was aber ist das Lebendige?

Dieses weiche Etwas, das in uns den Impuls zu schützen, zu nähren, zu zerstören, an- und abzulehnen, zu schmecken, zu lieben und zu hassen auslöst, das uns beim Anblick eines Kindes, der Augen eines Hundes, bei der Bewegung einer Katze, dem Aufblühen einer Rose und der Berührung zweier Liebender so bewegt und berührt.

Vielleicht hilft das Bild von „Fließen“: vom großen Fluss, von dem ich ein Teil bin, der mich immer weiter trägt und stützt. Manchmal ist dieser Fluss wie eine kleine Quelle, ein kleiner Bach, manchmal ist er wie der große Mississippi.

Dieses Leben, das bis hinein in kosmische Weiten reicht (auch die Galaxien sind lebendig), ist größer als wir Menschen.

Es fließt ständig durch uns hindurch. Ja, wir sind dieses Leben.

„My Way" als Haltung des „**Ich gehe durchs Leben**" ist ein wichtiges Entwicklungsstadium. Diese Sinatra-Position der Entwicklung der eigenen Persönlichkeit ist ein unumgängliches Stadium. Ich bin wer, entwickle meinen Willen und meine Standfestigkeit. Ich bin abgegrenzt und autonom.

Zu dieser personalen Sicht des Lebens gehört auch, dass ich meinen Körper als mir gegebenes Leben ernst nehme, ihn pflege und gut zu ihm bin. Ein regelmäßiges Bewegen, Pflegen, Massieren, Streicheln, Schlafen und Gesunderhalten des Körpers sollen hier zumindest genannt werden, auch wenn ich diese wichtige Grundlage nur andeuten kann. Regelmäßige intensive Körperübungen und gute Nahrung stärken alle Gehirnregionen und sind sogar lebensverlängernd. Ich öffne mich dabei für das Leben in mir, ich begrüße es, ich bejahe es, ich feiere es.

Denn nicht nur ich lebe, das Leben lebt. Ja, das Leben lebt. Es gibt ein Leben, das mich umgibt und durchdringt.

Also: **„Das Leben geht durch mich hindurch."** Es ist größer als ich. Es trägt mich, ich lebe durch das Leben, das mich übersteigt. Es fließt, strömt, atmet durch mich hindurch. Wir können das spüren lernen, spüren, wie es uns bewegt, ja auf eine liebevolle Weise prägt und bedingt.

Dies ist der nächste Schritt in der Bewusstseinsentwicklung. Beide, die personale und die überpersönliche Haltung können wir in uns integrieren; beides – Ich bin eine Person und letztlich eine transpersonale Wirklichkeit – ist wahr.

Die Erfahrung und Erkenntnis, dass das Leben lebt, kann ergreifend sein. Sie führt uns zu Demut und Hingabe. Dieses lebendige Leben, dieser große Organismus entfaltet sich nach eigenen Gesetzen. Wir sind ein Teil davon. In diesem Organismus haben wir eine Aufgabe, die über unsere biografischen Grenzen hinausweist. In intuitiven Momenten kann ich mit meiner Aufgabe und der großen Perspektive in Kontakt kommen.

Das Leben kann uns zu einem glücklichen Lachen und Einverstandensein führen. Was in diesem großen Organismus an Entwicklungssprüngen geschieht, ist nicht vorhersehbar. Das Leben entfaltet sich nach eigenen Prinzipien. Es ist nicht machbar, d.h. es ist nicht bestimmbar und geschieht nach größeren Gesetzen. Der Kosmos prägt uns. Wir und dieses Leben sind nicht „fertig“. Wir entwickeln uns gemeinsam weiter zu ungeahnten Dimensionen.

16. Wir können unsere Tiernatur nicht leugnen

Wir sind Geisteswesen und wir sind auch Tierwesen. Wir können unsere Tiernatur nicht leugnen. Wir sind biologisch – von unserer DNA-Struktur her – mit den Primaten fast identisch. Schon im Mutterbauch durchlaufen wir die gesamte Geschichte der Tierentwicklung, vom Einzeller zum kleinen Zellhäufchen über das Fischstadium zum Reptil, bis wir in einer späten Phase säugetierähnlich werden und dann noch ein Wachstumsschub zum menschlichen Wesen erfolgt.

Es leben also in uns, metaphorisch und real, verschiedene Urtiere. Das Tierische in uns ist mächtig, undifferenziert und teilweise gewaltig. Es ist wild und ungebändigt, will fressen, verdrängen, will Macht und Platz. Das Tier in uns beansprucht sein eigenes Territorium und bewegt sich zwischen Macht/Ohnmacht und Lust und Frust. Dieses Urtier in uns ist ständig da (Mack 1997, S. 52 ff.).

Das Tier in uns braucht Aufmerksamkeit, Beachtung, will Sicherheit, Respekt und Bewusstwerdung.

Das Tier in uns braucht vor allem Würdigung. Unsere Organe und die unglaublich wunderbare Zusammenarbeit in den verschiedenen Funktionen sind, wenn wir uns das wirklich bewusst machen, ein Wunder. Wir sind ein Wunder. Obwohl wir über eine große Intelligenz verfügen, ist die Intelligenz unserer Einzelorgane und des Gesamtorganismus viel größer als unsere mentale Kopfintelligenz. Unser Körper ist viel intuitiver, komplexer und intelligenter als unser Denken. Unser Körper ist viel schlauer als unser Ego-Bewusstsein und wir sollten ihm ein gutes Stück die Führung überlassen.

So ist unsere Nase um ein Vielfaches differenzierter als unser Ego-Bewusstsein und auch schneller und weiser. Die Geruchsrezeptoren sind für die Kommunikation zwischen verschiedenen Lebewesen von zentraler Bedeutung. Und sie sind entscheidend für den Aufbau jeglicher Art von Interaktion, insbesondere von intimen und stabilen Beziehungen.

Menschen tauschen unwillkürlich und spontan Vibrations- und Geruchssignale aus, auf die unser gesamter Organismus gesamtqualitativ reagiert. So gibt es zum Beispiel in und an unserem Körper anatomische Strukturen, etwa die Geschlechtshaare oder die Achselhöhlenhaare, die zu nichts anderem da sind, als um Pheromone, kleinste Duftsender, also kleinste Kommunikationsmittel zu beherbergen. Wir sollten wieder lernen, auf diese Signale zu hören, zu fühlen und zu riechen.

Das Tier in uns – und primär das Säugetier in uns – erinnert uns auch noch an etwas Weiteres: **Wir sind Herdentiere.** Wir brauchen einander. Es ist allgemein bekannt, dass ein Säugling stirbt, wenn er nur stofflich ernährt wird, aber keinen Sozial-, besser noch Hautkontakt hat. Das nehmen wir aber in der Therapie und im Alltag oft nicht ernst genug.

Einzeltherapie ist gut und oft wichtig, die persönliche Begegnung mit einem Gegenüber ist nährend. Viel nährender jedoch ist die Gruppe, die Horde, die Herde, der Stamm. Eine integrale Freude-Psychologie kann und darf das nicht vernachlässigen.

Die Frage ist erlaubt und notwendig, sie wendet oft die Not:
Habe ich genug sozialen Kontakt?

Ganz schlicht, grundlegend und körperlich: Sind da zwei oder mehrere Tiere zusammen, tauschen Informationen (die uns nähren) aus und schenken sich gegenseitig Aufmerksamkeit, Achtung, Hinschauen, Kritik, Zuwendung und Zärtlichkeit?

Geben einander zwei oder mehrere die Botschaft: Du bist auch ein Herdenwesen, du bist willkommen und ich sitze gerne in deiner Nähe?

Es ist biologisch und psychologisch ganz real: Der Mensch lebt nicht von Brot allein. Die zwischenmenschlichen Energien sind auf allen Ebenen lebensnotwendig:

- die biologisch-körperlichen
- die psychologisch-seelischen und sozialen. Alle Gefühle sind von Bedeutung, insbesondere: Gönne ich mir genug Freude?
- die geistigen und mentalen. Gönne ich meinem Gehirn genügend Anregung, damit es versorgt ist?

In Wirklichkeit können wir diese Nahrungsformen nicht trennen, wir schauen nur gesondert darauf, um zu fragen, ob alle Nahrungsformen vorhanden sind.

Das Tier in uns braucht verschiedenartige Nahrung.

Eine wichtige Form von Nahrung ist die Bewegung. Wir können diesen Aspekt in einer integralen Freude-Psychologie nicht genug betonen. Die Bewegung gehört eigentlich selbstverständlich zur Tiernatur des Menschen, sie ist jedoch ein Teil unseres Seins, den wir oft vergessen, vernachlässigen oder sogar verdrängen. Der Mensch ist von seinem Ursprung her ein Läufer, kein „Sitzer". Er war ständig in Bewegung. Das sicherte sein Überleben in jeder Hinsicht. Auch als Kind haben wir die Welt in Bewegung erobert. Der Bewegungsdrang ist im Menschen von Natur aus angelegt. „‚**Das Leben muss draußenbleiben**!' steht imaginär an vielen

Schultüren, und wenn man das ein paar Jahre praktiziert hat, stellt sich der ‚Erfolg' garantiert auch ein. Es hat dann etwas von uns ‚Besitz' genommen, was dem Leben, der Lebensfreude, der Lebendigkeit, dem inspirierenden Erforschen entgegensteht" (Maier, Inner Game, 2010).

Von diesem riesigen Gebiet der Bewegung als Quelle der Freude werde ich nur einen Aspekt herausgreifen, nämlich die Frage, wie wir ins Üben von Bewegung kommen können. Wie können wir unsere oftmals träge Lethargie überwinden und in eine gesunde Regelmäßigkeit des Bewegens kommen? Mit anderen Worten, wie können wir in eine Gewohnheit kommen, die über die Bewegungslust die Freude-Anteile in unserem Leben erhöht?

Die Antwort ist so einfach, dass sie zuerst Widerstand erzeugen kann, nach den ersten Erfahrungen jedoch eine erstaunte Offenheit: Wir können nach einigen Anfangsschwierigkeiten erfahren, dass die Freude an der Bewegung einen selbststabilisierenden Effekt hat. Es entsteht ein Kreislauf:

Ich überwinde meine Müdigkeit, ich übe, das erzeugt Lust, das motiviert zum Üben, Entwicklungssprünge werden sichtbar und fühlbar, das wiederum erzeugt Freude, ich übe weiter, ich will üben, da es Freude erzeugt usw.

Ich kann mir auch positive Vorbilder vors innere Auge führen: Jede Katze tut's, jede Katze dehnt sich, schnurrt, lässt sich gerne streicheln, empfindet Lust beim Ausstreichen ihrer Energiebahnen. Ich kann lernen, die innere Katze zu lieben. Ich kann mich mit dem Urtier in mir verbinden. Das Urtier in mir streift umher. Es hat Freude am Umherstreifen, es sucht Fressen und es sucht Gesellschaft.

Wenn ich mir zuerst nicht wichtig genug bin, dann mache ich es für das Urtier in mir. Endorphine werden ausgeschüttet und mein Gehirn lernt, dass Bewegung Lust bereitet. Es braucht oft nur Tage oder Wochen, den Anfangsimpuls vom Kopf her zu setzen. Dann lernen wir, das Tier in uns zu achten: „Steh auf, das Tier in dir muss Gassi gehen, schwimmen gehen, tanzen gehen."

Im weiteren Verlauf erkennen wir die feineren Dimensionen. Nachdem die Muskeln, die Blutbahnen und Nervenbahnen mit Lust und Freude aktiviert worden sind, melden sich die feineren Energiebahnen, die Meridiane oder wie immer sie heißen. Wir können spüren, dass in unserem Körper ein weiteres System von Informationen fließt. Schon beim einfachen Ausstreichen der Gliedmaßen können wir spüren, dass wir nicht nur die Muskeln und Sehnen ausstreichen, sondern dass noch ganz andere Flüsse von Energie und Information unser Wohlgefühl steigern.

Dieses Spüren und auch Wissen, dass da etwas in mir fließt, trägt außerordentlich zur Freude bei. Ich kann hier nicht auf das weitreichende Wissen und die Erfahrungen des Qui Gong, des Tai Chi, des Aikido oder der Akupunktmassage nach Penzel eingehen. Ich kann nur betonen, dass dies zu einer integralen Freude-Psychologie dazugehört, wie das Wasser zum Fluss und das Herz zur Liebe.

Zu erkennen und als Realität zu akzeptieren, dass wir Menschen wie alle Lebewesen neben dem fleischlich-materiellen Körper auch noch ein Informationskörper sind, ja wirklich sind, kann die Haltung zu sich selbst vollständig verändern.

17. Sexualität ist mehr als ein Naturereignis

Wenn Sie Ihr Herz für die Liebe öffnen,
öffnen Sie es auch für Verletzungen.
(David Deida)

Sexualität und Sinnlichkeit sind ein liebevolles Kontaktgeschehen, das bewusst gestaltet werden kann. Sexualität wird vordergründig als Triebgeschehen wahrgenommen. Aber Sex hat nur wenig mit Trieb zu tun – auch wenn dies oft so missverstanden wird. Sexualität kann ein achtsames, bewusstes Begegnen und Berühren im Jetzt sein, eine bewusste, erwachsene Entscheidung, einander zu begegnen und sich dabei zu verbinden. Wir können Sinnlichkeit nicht reduzieren auf einen Punkt, ein Thema, auf Schönheit, Sex oder Versorgung.

Sie ist immer so vieles. Die erfahrene Sinnlichkeit kann tausend verschiedene Facetten haben. Sinnlichkeit ist Wahrnehmung mit den Sinnen. Für die Wahrnehmung durch die Sinne gab es im alten Griechenland den Gott Eros: Eros verbindet, belebt und gibt den Dingen den Glanz, der ihnen gebührt. Alle Wahrnehmung kann erotisch sein: die Wahrnehmung einer Rose, das Hören eines Liedes, das Aufblühen eines Baumes, die Stimme des Windes.

Sinnlichkeit ist das Spüren durch die Sinne: durch Augen, Ohren, Nase, Haut usw. Jeder bevorzugt einen anderen Kanal oder mehrere zugleich, zum Beispiel Bewegung, Tanz, oder jene Sinne, die scheinbar nicht mehr zu den Sinnen gehören wie die erweiterte Wahrnehmung: ein Wahrnehmen an den Frequenzrändern alltäglicher Wahrnehmung.

Mit unseren Sinnen nehmen wir die ursprüngliche Lebenskraft wahr, die überall pulsiert. Es wäre zu kurz gegriffen, Sinnlichkeit auf Sexualität zu reduzieren. Wir können spüren, wie und wo uns diese Kraft überall durchströmt. Wenn wir uns dieser Ströme bewusst werden, bekommen wir Kontakt zur Urpulsation unseres Seins, zum Ursprung von allem.

Manchmal nehmen wir eine Situation so intensiv wahr, dass wir erschaudern. Sinnliche Wahrnehmung oder Eros ist nicht davon abhängig, ob wir einen schönen Körper haben, sondern wie wir ihn bewohnen.

Wir können unsere sinnliche Präsenz oder Wahrnehmungsfähigkeit wieder entwickeln, indem wir das Genießen kultivieren, unseren Atem spüren, unsere Stimme spüren. Eros lebt durch unseren Körper. Manchmal brauchen wir Zeit, um uns darauf einzulassen, die Sinne wieder wach werden zu lassen. Es braucht Zeit, diesen Geschmack, diese ursprüngliche Kraft zu erfahren.

Eros wird lebendig, wenn wir unsere ungeteilte Aufmerksamkeit auf den Körper lenken. Wir können unsere Sinnlichkeit aktivieren durch Atmung, Bewegung und Aufmerksamkeit, aber auch durch bewusstes Nichtstun.

Sinnlichkeit braucht nicht sexualisiert zu werden. Sie kann überall geschehen: beim Spazierengehen in der Natur, auf feuchtem Waldboden mit nackten Füßen, saftiges Moos spürend; das Fell eines Tieres streichelnd; die eigene Hand in ihrer Feinheit und unendlichen Differenziertheit wahrnehmend; den weiten Himmel schauend.

Jegliche Anteilnahme an dem, was gerade ist, ist sinnlich, ist erotisch, ist ein Schritt zur ganzheitlichen Wahrnehmung, zur Präsenz.

Neben der Präsenz brauchen wir Forschergeist im Moment: Was ist genau jetzt, was ist spannend, neu?

Was pulst, kribbelt, strömt gerade jetzt?

In jedem Moment können wir die Muskeln der Präsenz und Wahrnehmung trainieren sowie ein wertfreies Aha, den Strom des Gewahrseins und Absichtslosigkeit üben. Wir werden frei von Bildern und Konzepten, werden zeitlos, rezeptiv, empfänglich.

Wir können lernen, uns in diesem natürlichen Fluss zu beobachten und uns tief in ihn hinein zu entspannen. Sinnlichkeit kann unser ganzes Leben durchstrahlen und kann uns dazu führen, Leben zu würdigen und zu ehren. Sinnlichkeit kann uns zu dem Bedürfnis führen, Leben zu erhalten. Dies kann bis zum Überwältigtsein, bis zu Freudentränen oder zu einer tiefen Sehnsucht, bis zu einem Gefühl von Wahrheit einer größeren Wirklichkeit führen. Sie ist spürbar und ahnbar durch eine Ausdehnung unseres Bewusstseins in den Raum, in die Weite.

Sie können Folgendes üben:

1. Spüren Sie sich als diesen komplexen, wunderbaren Organismus.
2. Nehmen Sie Ihren Körper und seine Lebendigkeit bewusst wahr.
3. Dehnen Sie nun Ihr Bewusstsein über die Hautgrenzen hinaus aus.
4. Erklären Sie sich bereit, auf alle Konzepte, Festlegungen, Mythen und Dogmen zu verzichten.

5. Allmählich macht sich ein Ahnen von der Einheit mit dem Universum breit, das Sie nicht wegschieben können – bis es eine Gewissheit wird.
6. Eine Form, dies zu erfahren, ist pure Freude und Ausdruck.

Im Ausdruck wird der Eindruck vertieft, verstärkt, verwirklicht. Im Ausdruck bestätigen Sie die Wirklichkeit des Eindrucks: Sie finden eine Form, ihn zu besingen, zu betanzen, zu preisen und zu jubeln.

18. Auch in der Liebe und Partnerschaft sind wir viele

Freundschaft, Beziehung, Partnerschaft sind Räume des Forschens, Räume des Suchens, des Fragens. Wir kommen zu Hause beim Partner an, wir sind verzweifelt, wir sehnen uns, erfahren tiefe Verschmelzung, Streit und Einssein, Schmerz und Wonne. Ankommen ist immer eine Frage meiner eigenen Weite, meiner Ausdehnung.

Das Erste, was es zu lernen gibt, ist: Eins und eins ist nicht zwei. Eins und eins ist mindestens siebenunddreißig.

Nur auf der schlichten Alltagsebene gilt: Eins und eins ist zwei. Schon in der Mikrophysik und in der Makrophysik stimmt das nicht mehr. Und zwischen Menschen trifft es überhaupt nicht zu: Eins und eins ist mindestens siebenunddreißig. Mutter, Vater, Tochter, Schwägerin, Exfrau, Exmann, Freunde, Bekannte, System, Familie, Schwiegereltern, Gesellschaft, alle liegen mit uns im Bett. Ich werde niemals ganz erfassen, wie komplex das ist.

Es ist alles in mir und wir können so viel füreinander sein, nicht nur Mann und Frau und Frau und Mann. Wir können das Tabu brechen, dass wir nur Mann und Frau oder Frau und Frau oder Mann und Mann sein können. Wir können auch mütterliche und kindliche Gefühle füreinander haben.

Ich kann mich für einen Moment wie deine Tochter fühlen. Du bist einen Moment für mich mein Vater oder umgekehrt. Wir sind Geschwister. Wir sind Freunde. Wir sind Lehrer füreinander oder Hengst und Stute oder Löwe und Mäuschen, all dies. All dies im

Wechsel dürfen wir füreinander sein. Es ist nichts Schlimmes, wenn ich manchmal väterliche Gefühle für die Partnerin hege. Es ist nichts Schlimmes, wenn ich kindliche Gefühle habe und mich angegriffen fühle und Schutz suche. Alles darf sein. Ich bin die weise Alte, die dich unterrichtet und ich bin das kleine Kind, das mit dir spielt.

Wir können uns dessen bewusst werden, dass es um einige Hauptaspekte geht, die gesehen und verbunden werden wollen:
Ja, es ist wirklich so, es geht um Sex, um Lust und es geht um Macht.

Und es geht um Gesehenwerden, um Sehen und Gehörtwerden, um Verstandenwerden.

Es geht auch und wesentlich um Sinn in der Beziehung, um eine gemeinsame Story, die Sinn macht.

Was ist das, warum wir zusammen sind?

Es ist gut, diesen Sinn, dieses Dritte, das uns beide übersteigt, zu hegen und zu pflegen, zu energetisieren, indem wir daran denken, es tanzen, feiern, oder einfach nur, indem wir es ins Bewusstsein nehmen.

Ein entscheidender Bindungsfaktor ist das, was über unser Wir hinausgeht.

Wir Menschen suchen etwas, das uns übersteigt, auch wenn wir das noch nicht in Worte fassen können. Oder noch radikaler ausgedrückt: Der Mensch ist ein Wesen, das sich übersteigen will, ob in der Partnerschaft oder im Leben überhaupt. Es geht um ein gemeinsames Drittes, das größer ist als wir zwei.

Horizont ist ein wunderschönes Wort dafür. Wir lieben Sonnenauf- und -untergänge, weil sie einfach schön sind, und gleichzeitig sind sie ein Symbol für Horizont, für übersteigen, für transformieren. Wir wollen uns transformieren, nicht nur unsere Triebe befriedigen. Die Suche nach dem Dahinter ist existentiell, ist wesentlich menschlich.

Es geht ferner um Geben.

All dieses spielt in einem wilden Spiel mit eine Rolle.

Es geht um Hingabe und um Gleichberechtigung.

Es geht um ein Spiegeln, Sehen, Sich-Öffnen für das Geheimnis, dass es den Partner gibt. Dass er/sie hier in meinem Leben ist, ist unvorstellbar, aber wirklich.

Neben all dem – Einkaufen, Bioladen, Essen, Abrechnungen und Abspülen, Kinder usw. – kann ich mir in jedem Moment bewusst sein, dass ich von Ewigkeit umgeben bin, und mich ausdehnen und weit werden. In jedem Moment kann ich eintreten in diesen Raum der Weite, der mich umgibt, der größer ist als ich.

Wenn wir im zustandslosen Sein in die Energie des „Ich Bin" gelangen, sind wir wach geworden. Dann hegen wir keine unrealistischen Erwartungen mehr an den Partner. Wir suchen nicht mehr die Verschmelzung mit unserem Partner und spiegeln nicht mehr seine Erwartungen in der Hoffnung, dass er sie zurückspiegeln wird. Wir sind wach und wissen, dass wir separate Individuen sind. Wir können uns in Beziehungen für Autonomie und zugleich für Bezogenheit entscheiden.

Sodann nehmen wir die Partnerin nicht mehr als „magische Mutter" wahr, die in der Lage ist, uns alle Bedürfnisse zu erfüllen und uns von unserem Schmerz zu befreien. Wir können diesen Schmerz nicht umgehen, sondern ihn nur in uns selbst heilen, indem wir dieses „Ich Bin“ total annehmen.

19. Wir sind Jahrmillionen alt

Wie alt bin ich?
Zen-Meister: „Wie alt ist Amida Buddha?“
Schüler: „So alt wie ich.“
(nach Yoel Hoffmann)

Wir sind fünfundvierzig oder fünfzig Jahre alt plus neun Monate Schwangerschaft plus zwei Millionen Jahre Menschheitsentwicklung plus sechs Milliarden Jahre Entwicklung dieser Welt plus weitere sechzehn Milliarden Jahre Universumsentwicklung.

Bitte sagen Sie nie mehr: „Ich bin fünfundvierzig oder fünfzig oder irgend eine Zahl und an diesem bestimmten Tag habe ich Geburtstag.“ Das ist ein Spiel, reine kindliche Konvention, dass Sie irgendwann Geburtstag hätten. Klar, an einem bestimmten Tag sind Sie auf die Erde gekommen – aber das ist nicht Ihr wirklicher Geburtstag. Sie sind viel älter, rückblickend: Millionen von Jahren alt, vorausschauend: weitere Jahrmillionen von Entwicklungsmöglichkeiten. Sie sind noch nicht fertig. Wir als Menschen sind noch nicht fertig, wir entwickeln uns in den nächsten Äonen zu denen, die ohne Handy telefonieren können.

Ja, wir sind Jahrmillionen alt. So schreibt Lewis Thomas in „A long line of cells“ (frei übersetzt):
„Da gibt es einen unübersehbaren Aspekt meines Stammbaumes. Er liegt weit jenseits meiner Erinnerung, aber er ist doch irgendwie erinnert, wahrscheinlich in allen meinen Zellen. Um es deutlich zu sagen, ich komme von einem Stammbaum, der direkt mit einiger Genauigkeit

in die Fast-Unendlichkeit von Milliarden Jahren zurückverfolgt werden kann, schon bevor mein erster humanoider Vorfahre erschien.

Ich komme von einem einzigen Urahnen, dessen sterbliche Überreste du in Felsformationen sehen kannst, die ungefähr von vor 3,5 tausend Millionen Jahren datieren. Also 3,5 Milliarden Jahre. Dieser Vorfahre wurde ungefähr eine Milliarde Jahre, nachdem die Erde Form angenommen und herunterzukühlen begonnen hatte, geboren. Dieser Erste meines Stammbaumes, unser Groß-Groß-Groß-Onkel, war eindeutig eine Bakterienzelle. Wir stammen von einer langen, sehr langen Linie von Bakterien ab.

Wir waren schon im vorletzten Jahrhundert etwas entrüstet, als uns gesagt wurde, dass wir vom Affen abstammen. Und nun das. Und es muss wahrscheinlich eine einzige Bakterienzelle gewesen sein, wenn man bedenkt, dass alle, alle Zellen, die später kamen, bis zu unserem modernen Gehirn, die gleichen Spiralen von DNA besitzen und nach dem ziemlich gleichen genetischen Code arbeiten. Das scheint der plausible Hinweis auf direkte Elternschaft zu sein."

Wir können uns dieses Zitat auf der Zunge zergehen lassen. Wir können in allem unsere Vorfahren entdecken und uns als Glied dieser großen Kette sehen und empfinden.

Das, was hier als biologische Wirklichkeit gedacht und erkannt werden kann, können wir auch in tiefen Trancereisen, die wir durch starkes Atmen, rhythmische Musik und spontane Bewegungen unterstützen, erleben und sinnlich als wahr spüren und erfahren. (Siehe hierzu im Anhang die Geschichte von Schamanima)

Wir können unsere Wahrnehmungskanäle für diese Erfahrung öffnen und ganz sinnlich konkret auf der Ebene der Zellen diese Erfahrung verifizieren, d.h. als wahr erkennen.

20. Wir leben in uralten Kräften

Ähnlich stark wie unsere biologische Herkunft, unsere Abstammung und unsere uralte Zellstruktur, stärker jedoch als die Stimmen, die biografischen Charakter haben, sind wir, ist unsere Seele durch in uns angelegte archetypische Muster geprägt.

Was sind Archetypen?

Ich will dies hier kurz skizzieren:
Archetypen[1] sind in der Menschheitsgeschichte gewachsene, überpersönliche Verhaltensmuster, die einem tiefen körperlichen, sozialen oder seelischen Bedürfnis des Menschen entsprechen. Sie sind Urbilder menschlichen Verhaltens, die zur Erhaltung und seelischen Weiterentwicklung des Menschengeschlechts dienen. Wir können uns darauf verlassen, dass sie in uns wirksam sind. Wir können uns in diesen Energiestrom stellen. Beispielsweise können wir uns mit den Zigtausend Müttern und Vätern verbinden, die schon seit Jahrtausenden geliebt haben, die das Feld bestellt und Kinder bekommen haben, die gebetet und geheilt haben. Diese Erfahrungen sind als Muster in uns eingegraben:

Da gibt es den inneren Bauern, der hegt und pflegt und Freude am Wachsen hat.

Da gibt es den inneren Jäger, der jagen und erlegen will.

---

[1] In der Doppel-CD „Archetypen der Berufung“ haben wir mehr als fünfzig verschiedene Archetypen für das berufliche Handeln, aber auch für den privaten Bereich zusammengefasst.

Da gibt es den Händler, der gern feilscht und zwischenmenschliches Verhalten als Warenbeziehung empfinden kann.

Da gibt es die Politikerin in uns, die verhandeln und Frieden stiften möchte, die Ärztin, die Hebamme, den Geburtshelfer, den Heiler, die Künstlerin, den Liebenden und vieles mehr.

Diese stützen oder beschränken oder unterhalten sich untereinander. So streitet sich der Priester mit dem Krieger, der Händler verhandelt mit dem Heiler usw.

Es gibt auch die fünf archetypischen Bilder der Entwicklung nach C.G. Jung mit ihren jeweiligen Licht- und Schattenaspekten:

> das Kind,
> der/die Jugendliche,
> der erwachsene Mann, die Frau,
> die Mutter, der Vater und
> der/die Weise.

Es kann hilfreich und wichtig sein, biografische von archetypischen Aspekten zu unterscheiden. So gibt es in jedem von uns eigene Erfahrungen, zum Beispiel schwierige Erlebnisse in der Kindheit. Das archetypische freie Kind ist jedoch unverletzt, kreativ und lebendig. Mit ihm können wir uns verbinden und dessen Energie spüren.

Auch ist es hilfreich zu erkennen, ob der innere Jugendliche, der sich mit dem Weisen streitet, dies aus biografischen Verhaltensmustern heraus tut oder ob der Streit einen Urkonflikt zwischen den beiden Archetypen repräsentiert.

Wir können zum Beispiel auch fragen, ob die innere archetypische Mutter ein gütiges Verhältnis zum inneren Kind aufnimmt oder nicht, und ob beispielsweise der Erwachsene Kontakt hat mit dem Urbild des inneren Vaters oder des Jugendlichen.

Wir haben die Erfahrung gemacht, dass eine Person umso integrierter leben kann und umso glücklicher und zufriedener ihr Leben gestalten kann, je mehr die archetypischen Aspekte der Persönlichkeit gehört und miteinander ins Gespräch gebracht werden. Diese archetypischen Muster in uns haben eine große prägende Kraft. Da wirken Energien von Jahrtausenden in uns, hilfreich oder hemmend.

Ich empfinde es als unterstützend, sich bildlich und real „in den Strom" einer archetypischen Energie zu stellen. Es ist, wie sich unter einen warmen Wasserfall zu stellen und die Energien der archetypischen Kräfte in uns anzuzapfen – je nachdem, was ich brauche oder entwickeln will. Diese archetypischen Kräfte sind mehr als Gedanken oder Stimmen. Sie sind Urbilder im menschlichen seelisch-genetischen Code, der uns wie DNA-Informationen prägt, blockiert oder beflügelt.

Oftmals, wenn wir auf der personalen Ebene nicht weiterkommen, können wir Zuflucht zu den archetypischen Kräften in uns nehmen, so z.B.:
„Ich fühle mich zwar als Vater schwach, aber das Urbild des starken Vaters in mir hilft mir, diese oder jene Situation zu meistern." Dieses Krafttanken beim inneren Urbild, ist meiner Erfahrung nach (wie es auch C.G. Jung weiß) keine Phantasie, sondern eine menschliche, seelische Realität. Die archetypischen Wirklichkeiten in uns sind reale Wirklichkeiten mit ganz konkreten alltäglichen Auswirkungen. Nutzen können wir sie über Bewusstheit, Demut und dankbares Annehmen der Energien und Kräfte.

21. Liebe ist mehr als ein Gefühl

Die Liebe beginnt,
wo der Nutzen endet.
(Martin Schleske)

Wir haben oben gesagt, wir sind Tiere und darüber hinaus Jahrmillionen alt. Das ist unsere Grundlage. Dann kommen uralte seelische Strukturen dazu, die archetypischen Muster und Bilder unserer Seele. Doch wir sind noch mehr. Wir sind nicht reflexartig an diese biologischen und psychologischen Prägungen ausgeliefert.

Als Menschen vermögen wir das Ungeheuerliche zu wagen: Wir können lieben. Dabei stellen wir fest, Liebe ist mehr als die vorgenannten gegebenen biologischen und psychologischen Strukturen. Liebe ist ein auf den anderen Zugehen. Und Liebe resultiert nicht nur aus einem Gefühl.

Liebe ist mehr als ein Gefühl. Wenn wir uns als Teil eines großen Organismus sehen oder sogar erleben, merken wir, dass wir vom Ganzen abhängen – im Sinne von Abhängig-Sein, aber auch von Verbunden-Sein, Dazu-Gehören, Teil-des-Ganzen-Sein. Die Frage ist: Was gibt uns den Impuls, an das Ganze zu denken, für das Ganze zu sorgen, für die durstigen Kinder in Afrika, die dringend sauberes Trinkwasser benötigen, für die verfolgten Tibeter und die Frauen, die in vielen Ländern noch unterdrückt und schlecht behandelt werden?

Wie kann ich Verantwortung leben, ohne von Schuldgefühlen gesteuert zu sein? Ich darf es mir gut gehen lassen. Ich soll sehr gut für mich sorgen ***und*** ich sorge für Tibet, Schwarzafrika, Aidsopfer und andere.

Wir sind der Regenwald (siehe Anhang). Wir können erkennen, dass wir ein Teil vom Ganzen sind. Wir sind nicht moralisch verpflichtet, für die Menschheit, das Ganze, die Natur und die Pflanzen etwas zu tun, sondern wir spüren, dass wir ein Teil von allem sind und dass wir sozusagen für uns sorgen, wenn wir uns für die große ganze Erde mitverantwortlich fühlen.

Eine gute Einstimmung hierfür ist die Meditation „So wie du". Ich stelle mich vor eine Pflanze, ein Tier, einen anderen Menschen, schaue sie/ihn oder es bewusst an und spreche die Worte:

„So wie du bin ich lebendig mit Stärken und Schwächen.
So wie du sehne ich mich nach Fühlen und Spüren.
So wie du bin ich manchmal durstig, hungrig,
genährt, satt und glücklich.
So wie du sehne ich mich nach Berührung und Berührtwerden.
So wie du sehne ich mich danach zu wachsen,
mich auszudrücken und zu blühen.
So wie du habe ich ein Herz, das lebt und liebt.
So wie du suche ich meinen Weg zum Ganzen."

Liebe lässt sich durch fünf Aspekte beschreiben:

Das erste Element ist das **Gefühl.** Ich brenne für jemanden, ich glühe, ich habe starke Empfindungen. Dies ist der Gefühlsaspekt der Liebe. Er ist gespeist von Sympathie, Leidenschaft, der Freude, mit ihm oder ihr zu sein, von all dem, was uns zu ihm oder ihr hinzieht.

Dann gibt es einen zweiten Aspekt. Um mit John Pierrakos, dem Begründer der CoreEnergetik, zu sprechen: Liebe ist ein **Willensakt** des Herzens. Dieser zweite Aspekt ist die Frage: Wie ***stehe*** ich dazu?

Stehe ich zu dieser Liebe? Will ich das? Kann ich mich dazu bekennen, dass ich hier Liebe empfinde?

Im dritten Aspekt ist Liebe **Handlung.** Alle Prinzipien der Handlung kommen hier zum Tragen. Ich kann Fehler machen, ich kann scheitern. Es kann schlicht sein, unspektakulär und dennoch engagiert. Dies ist die Frage: Wofür gehe ich, d.h. wofür setze ich mich ein? Es ist die Dimension des Handelns. Ich bin aktiv. Rechne ich mir dabei einen Nutzen aus? Die Handlungs-Nutzen-Rechnung ist menschlich, ich kann mir dafür verzeihen, und ich weiß, dass es eine Stufe auf dem Weg zum Ziel der Liebe ist. Doch Umdenken, besser Umfühlen ist jederzeit wieder neu möglich. **Jetzt.**

Liebe findet viele Möglichkeiten, zu handeln, sich zu engagieren. Liebe kann sich für kranke Kinder in Indien einsetzen. Liebe kann einem Manager vermitteln, dass es mehr gibt als Profit und Profitsteigerung. Liebe kann sich entschuldigen, wenn jemand verletzt wurde. Liebe ist eine Bewegung zum anderen. Sie kann ein Blick sein oder das Weiterreichen von Information. Liebe kann in einem Hospizseminar vermitteln, dass man mit Sterbenden über das Sterben sprechen darf und soll. Sie kann in einem Schwangerenkurs vermitteln, dass Tönen gut ist für das Gebären.

Liebe kann ein Benefizkonzert für andere Menschen organisieren. Liebe kann einen konkreten Garten anlegen, kann einen Baum pflanzen. Liebe kann einen Quadratkilometer Regenwald kaufen. Liebe kann eine verwaiste Katze aufnehmen. Liebe kann einen speziellen Künstler unterstützen. Liebe kann Rituale des Dankens gestalten. Sie kann einen konkreten Kindergarten in Nigeria sponsern.

Liebe ist aktiver Kontakt.

Es sind oft kleine Dinge, die etwas Großes bewirken. Im Gruppenprozess bemerken wir oft, dass, wenn ein Einziger anfängt aufzublühen, viele oder alle anfangen aufzublühen. Ich kann im Wachstum einer Blume das Ganze blühen sehen. Liebe kann ein Bleiben heißen, auch wenn es schwierig ist, und ein Gehen, wenn es dem Wachstum und der Freiheit dient. Nein sagen kann ein Akt der Liebe sein.

Liebe ist mehr als ein Gefühl. Es ist eine Handlung, ein Senden, ein Bewegen, ein Ausstrecken der Hand. Liebe kann eine Stunde pro Woche für Alte, Kranke und das Hospiz arbeiten. Liebe kann ein konkretes Musikstück spielen, das Freude in die Welt bringt.

Wenn wir den Unterschied spüren zwischen moralischen Verpflichtungsgefühlen und lustvollem, freudigem Handeln für das Ganze, können wir Liebe als spontane Handlung, als Geben begreifen, das gleichzeitig dem anderen und mir etwas gibt, das mich herausholt aus der Illusion der Getrenntheit hinein in das Bezogensein.

Wenn wir die **geistige Dimension** des Menschseins annehmen und anerkennen, ermöglicht uns dies ein völlig anderes Herangehen an die Themen wie Trieb, Bedürfnis, Lust und Mangel. Es ist zwar in vielen Fällen so, dass zuerst der Trieb- und Bedürfnisaspekt der Liebe berücksichtigt werden muss; wenn diesem aber genug Raum gegeben ist, können wir uns auf eine weitere Seinsdimension, nämlich die des freien Bewusstseins begeben und die freie Wahl, den Gebe-Charakter und das „bedürfnislose" Sein für den anderen in den Vordergrund treten lassen.

Dann kommen so merkwürdige Dinge wie Verantwortung, Gewissen und Zueinanderstehen auf den Plan. Es tritt ein neues Muster ein. Mut, Beständigkeit – alles Begriffe, die in keinem Psychologielexikon vorkommen – kommen aus der Tiefe unseres Seins zur Hilfe. Selbst so fremdartige Erfahrungen wie Gnade, Hingabe, Hören und Da-Sein können uns ein Gefühl davon geben, dass wir nicht nur triebgesteuert sind, sondern dass unsere seelisch-geistige Dimension wesentlich zur Handlung der Liebe beiträgt.

Wenn wir diese fünf Aspekte von Liebe:

- Liebe als tierischer Impuls
- Liebe als Gefühl
- Liebe als Willensakt, als Entscheidung
- Liebe als Handlung jenseits des Nutzens
- Liebe in ihrer geistigen Dimension

miteinander in Verbindung bringen, kommen wir in die Freude.

DER RAUM ÖFFNET SICH

22. Der Beobachter beobachtet sich selbst

Haben wir diese ersten vier Länder – Verstand, Gefühle, Biografie und Körper – bereist und kennen wir uns in den wechselseitigen Bedingtheiten dieser vier Dimensionen aus, so reisen wir weiter in ein Land, das ich den „weiten Raum" nennen möchte. Es ist die Landschaft, in welcher der vierte Schwan hinzukommt. Wir erinnern uns an die beiden Angler weiter vorne (siehe Seite 34).

Ich nehme das Genießen als Beispiel. Der vierte Schwan nimmt als bewusster Zeuge wahr, dass der dritte Schwan die Empfindung des Genießens (zweiter Schwan) in der Körperbewegung (erster Schwan) wahrnimmt.

Der erste Schwan ist die Handlungswirklichkeit, der zweite nimmt sich oder die Gegenstände oder Personen wahr, der dritte Schwan ist sich dieser Wahrnehmung bewusst, und der vierte Schwan kann nun seine Wahrnehmung so ausrichten, dass er den Raum ***zwischen*** den Personen oder Gegenständen wahrnimmt und die Wahrnehmung als solche bezeugt. Dies geschieht mit dem sogenannten weichen Blick, ein Schauen, das nicht mehr auf die Gegenstände fokussiert ist, sondern die Gegenstände im Raum als Orientierung nutzt, um den Raum *zwischen* den Gegenständen wahrzunehmen.

Raumerleben kann uns in die Erfahrung von Wirklichkeit hinter dem Sichtbaren, in die Erfahrung von Seele führen. Manchmal gelingt uns ein Kontakt mit der Großen Wirklichkeit (wie wir sie hier nennen werden), mit unserem lebendigen Sein.

Im Kontakt mit unserer Seele, mit dem Lebendigen in uns kann Heilung geschehen. Wir sagen uns: Seele, das ist das Geheimnis der lebendigen Wirklichkeit. Sie ist das Lebendige, das uns rührt, erschauern lässt, fasziniert, im Herzen berührt und uns in die Weiten des Raumerlebens führt.

Wie kommen wir in diese Weite?

Dies gelingt mit einer Veränderung der Perspektive. Gegenstände, die zuerst der Vordergrund waren, werden zum Hintergrund, und der weite Raum, der vorher vielleicht gar nicht wahrgenommen wurde, wird zum Vordergrund.

Das Wundervolle kann geschehen: Wir sehen, dass der Raum nicht leer ist, dass er angefüllt ist mit Räumlichkeit – mit Fülle, mit Licht oder einfach mit etwas, das uns als geheimnisvolle Energie oder Lebendigkeit erscheint. Dies ist ein Hinweis auf Seele, auf Große Wirklichkeit.

Seele wird ahnbar in der Erfahrung, dass der Raum angefüllt ist mit einer Form von Präsenz oder lebendigem Bewusstsein, in das ich mich ausdehnen kann, deren Konsistenz ich spüren und erleben, ja schmecken und tasten kann.

Gestaltpsychologen nennen diesen Vorgang das „Kippen der Perspektive". Vordergrund wird Hintergrund. Sie kennen sicherlich Kippfiguren, wie zum Beispiel die alte Frau, die zu einem jungen Mädchen wird und umgekehrt. Oder die zwei Gesichter, die zur Vase werden und wieder umgekehrt.

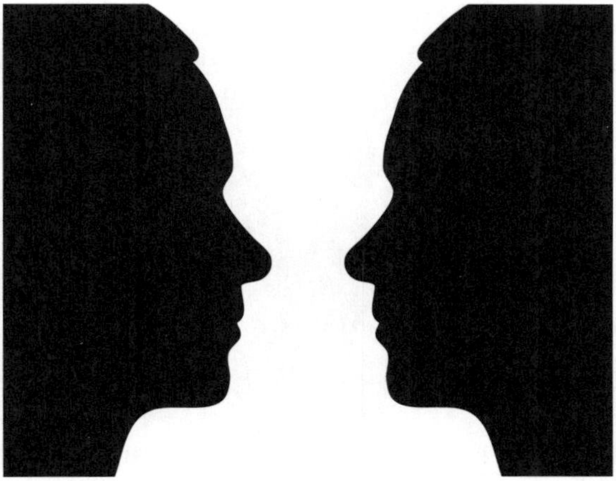

Es wird sichtbar bei den beiden Gesichtern, die sich zu einem Gefäß wandeln können. Ich wechsle lediglich die Vordergrundwahrnehmung zu einer Hintergrundwahrnehmung, d.h. Vordergrund wird Hintergrund, mit einem Augenzwinkern werden die beiden Gesichtskonturen zu Begrenzungen des Gefäßes.

Escher war ein Meister in der Gestaltung solcher Kippfiguren, in denen die Wahrnehmung durch immer neue Perspektiven so hinterfragt wird, dass ein Raumempfinden möglich wird.

Wir können im folgenden Beispiel der Kathedrale von Cordoba von Escher einmal die Säulen in den Vordergrund nehmen und den Raum als Hintergrund wahrnehmen oder umgekehrt. Wir gehen durch den zuerst leeren Raum und die Säulen ziehen als Hintergrund an uns vorbei. Irgendwann wird der Raum als angefüllt von Gegenwart erlebt.

M. C. Escher's „Säulenwald" Kathedrale *La Mezquita* in Córdoba, Zeichnung, 2. Juni 1936

Ich möchte Ihnen ein Experiment anbieten:

> Wir können diese Weite und Raumerfahrung erleben, wenn wir beispielsweise in der Natur spazieren gehen und mit weichem Blick Bäume an uns vorbeiziehen lassen. Dann können wir „im Raum gehen". Die Bäume laufen an uns vorbei. Wir scheinen wie still zu stehen. Die Zeit steht still. Es kann sein, dass wir ein Hochgefühl oder ein Gefühl der Andacht erleben.

Manchmal ist dieses Erleben so schön, dass wir traurig werden, wenn wir wieder „herauskippen". Wirklichkeit scheint dann wieder normal, Bäume sind wieder Bäume und der bisherige Hintergrund (Gegenstände) fällt zurück in den Vordergrund.

Dieses Raumerleben ist wahrscheinlich deswegen mit einem Glücksgefühl verbunden, weil sich im weichen Blick ein Teil unserer Wahrnehmungskontrolle auflöst und eine tiefe Verbundenheit mit dem Sein erfahren werden kann, die uns im kontrollierenden und auswählenden Alltagsbewusstsein nicht möglich ist.

Im Raumerleben (also dem vierten Schwan) werden wir oft Glücksgefühle erleben, weil in dieser Dimension unseres Seins unsere Dramen und Depressionen zurückgelassen werden können.

Es ist gut, sich für diese Übung Zeit zu lassen. Es passiert nicht sofort, sondern setzt gute Entspannung voraus, ein geduldiges, lustvolles den Unterkiefer Entspannen und Loslassen. Dazu kann ein Bewusstsein vom Schmelzen der Schulterspannungen und ein inneres Lächeln kommen, das bereit ist, sich von dem Unbekannten berühren zu lassen.

Es ist eine Art Risiko, die Ich-Funktionen werden weniger kontrolliert, die Augen defokussiert und der Raum wird räumlich, angefüllt mit Lebendigkeit.

Es kann sein, dass wir in dieser Situation besonders intuitiv sind, Signale empfangen oder in diesem Stillstehen des Verstandes besonders aufnahmefähig sind für die Stimme Gottes, die uns liebevoll den nächsten Schritt auf unserem Weg zeigt.

Es kann auch sein, dass nicht Spektakuläres passiert, sondern wir nur leer und glücklich werden und uns einige Zeit später heilsame Erkenntnisse „überfallen“, Gesundungsprozesse beginnen oder eine stille Zufriedenheit in unser Leben einzieht.

23. Raumbewusstsein und Präsenz: Das Feld

Raumerleben scheint mir eine wesentliche Durchgangspforte zum Erleben der Großen Wirklichkeit, von Sein oder Core zu sein. Wenn wir uns für Intuition öffnen und erweiterte Wahrnehmungen zulassen wollen, ist Raumwahrnehmung eine wesentliche Stütze.

Hierzu eine Erläuterung: Babys haben keine ausgeformte Persönlichkeit. Die Selbstwahrnehmung eines Kleinkindes ist totale, offene und unbegrenzte Raumwahrnehmung. Wie kann man sich das vorstellen? Wenn Sie so ein kleines Wesen sehen, das ein paar Wochen oder Monate alt ist, bekommen Sie manchmal das Gefühl, dieses Wesen ist einfach da. Es hat keinen Begriff von Vergangenheit oder Zukunft, sondern lebt nur im gegenwärtigen Augenblick. Es schaut in absoluter „Jetzigkeit" und Präsenz. Es nimmt Kontakt, ohne dass ein Ich dazwischen tritt. Erst im Laufe der Zeit entwickelt sich das Ich, und jede Ich-Entwicklung bedeutet, dass Grenzen und Strukturen entstehen, ja Grenzen entstehen müssen.

Jede Persönlichkeitsstruktur, die wir aufbauen, filtert unsere Wahrnehmung und verringert damit unsere unmittelbare Wahrnehmung von Raum und Welt. Sie schafft in uns Grenzen, und das verringert den Raum in uns.

Je mehr Persönlichkeit, je mehr Ich, desto mehr Enge. Enge gibt uns ein Gefühl von Sicherheit, wir haben weniger Ängste. Das ist der Gewinn. Mit anderen Worten: Je stärker die Persönlichkeit, je stärker das Ich ist, desto mehr kann ich mich zusammenhalten und umso geringer scheint die Angst .

Deswegen können Kinder auch in unendliche Panik geraten – sie verfügen noch über wenig Struktur, Muster und Enge. Wir können unsere begrenzte Persönlichkeit ein Leben lang kontrollieren und verteidigen, was uns eine gewisse Sicherheit bietet. Aber tief in uns wohnt die Sehnsucht nach dieser Weite, nach dem Geheimnisvollen und Unendlichen, der Verbundenheit mit allen fühlenden Wesen, die wir als Kleinkinder einmal erlebten.

Um in einen weiten, grenzenlosen Raum einzutreten, müssen wir unsere Persönlichkeitsgrenzen erweitern lernen. Durch die zunehmende Verinnerlichung von Selbstkonzepten im Laufe der Entwicklung werden die Innengrenzen stärker – ich wiederhole das ganz bewusst – und damit wird die Persönlichkeit stärker. Die Folge davon ist, dass sich der Handlungsspielraum, der Denk- und Fühlspielraum einschränken.

Die Entstehung des Selbstbildes repräsentiert also die allmähliche Strukturierung von Grenzen im geistigen Raum. Wir beginnen zu definieren: Was gibt es und was gibt es nicht? Schließlich gibt es nur noch das, was ich unmittelbar sehen und verifizieren kann – mehr nicht. Das ist ein Selbstschutz.

Eine weitere Illusion kommt hinzu: „Hier höre ich auf. Das ist meine Grenze (damit ist der Körper gemeint). Ich bin getrennt vom Gegenüber." Diese Illusion der Getrenntheit dient der Reduzierung von Angst. Wir können dies feststellen, wenn wir in Richtung größerer Öffnung gehen. Beginnen wir, innere Räume zu betreten und weiter zu werden, entsteht in der Regel auch Angst. Jedes Loslassen, jedes tiefere Entspannen führt oft erst einmal durch Räume von Angst. Was geschieht, wenn wir diese Grenze auflösen? Unsicherheit taucht auf.

Wenn wir Glück haben, erleben wir einen sehr angenehmen Wechsel zwischen Angst, Weite und Freude. Viele Schritte sind begleitet von Angst, dann stellt sich wieder Weite ein usw. Das Gefühl der Weite ist direkt proportional zur Ausdehnung der Selbstgrenzen. Wir atmen beispielsweise in bestimmten Übungen und Ritualen ein bisschen tiefer, dehnen den Körper, hören kraftvolle Musik. Als nächsten wichtigen Schritt beziehen wir den Außenraum mit ein. Ganz bewusst lösen wir unsere Grenzen. Unwillkürlich kann sich ein Gefühl von Weite und Gleichzeitigkeit einstellen.

Damit sind wir beim nächsten Schlüsselwort: Gleichzeitigkeit. Tauchen wir ein in erweitertes Bewusstsein, so versuchen wir Gleichzeitigkeit zu erfahren, eine Gleichzeitigkeit der verschiedenen Sinneswahrnehmungen.

Hier zum Beispiel ist der Boden und gleichzeitig sind wir in Kontakt mit anderen Empfindungen und Erfahrungen. Wenn wir uns in weite Räume begeben und dabei unsere Aufmerksamkeit auch auf den Bodenkontakt richten, können wir uns leichter wieder in die Alltagswahrnehmung zurückbringen.

Auch Ungeübte können mehrere Dimensionen gleichzeitig im Körper spüren und an verschiedenen Körperstellen verorten. Beispielsweise nehmen sie im Herzen Freude und im Bauchraum Kraft wahr usw.

Bei den genannten Ritualen des rhythmischen, intensiven Atmens, Tanzens, Rufens und Musikhörens dehnt sich der Körper aus, Körpergrenzen werden weich. Dies kann wiederum Glück und Angst hervorrufen. Ebenso löst sich die Illusion der Getrenntheit auf. In diesen Momenten wird der Körper immer mehr durchlässig und wird als Antenne wahrgenommen. Neue Informationen können empfangen werden, zu denen wir im Alltagsbewusstsein keinen Zugang haben.

Es sind Botschaften, die nicht dem rationalen Verstand entspringen. Sie kommen aus einem größeren Bewusstseinsraum und können uns den nächsten Schritt aufzeigen. Letztendlich entstammen die Informationen dem unendlichen Bewusstseinsfeld – der Quelle aller Potenziale –, das den ganzen Kosmos durchdringt (siehe hierzu „Das Feld ist die einzige Wirklichkeit").

Raumwahrnehmung hat noch eine weitere für den Wachstumsprozess wichtige Bedeutung: Sie ist selbststimulierend, sie ist selbstwachsend, d.h. sie dehnt sich selbst aus. Während sich der Innenraum ausdehnt, schmelzen nämlich die Grenzen und dies wiederum erlaubt Raumausdehnung. Wenn ich diesen Prozess nicht blockiere, entwickelt er sich wie in einer Spirale weiter und weiter. Die Öffnung des menschlichen Bewusstseins bekommt einen selbststabilisierenden und selbstbeschleunigenden Energieschub.

Raumöffnung schmilzt Grenzen, schmelzende Grenzen erlauben Raumöffnung. Es entsteht eine positive Rückkopplungsschleife. Zu beobachten ist, dass sich Prozesse einerseits langsam vollziehen, doch auf einmal gibt es einen größeren Sprung in der Entwicklung. Wenn Raum ins Bewusstsein genommen wird, findet Veränderung statt.

Es gibt keine Veränderung im Selbstbild ohne die Auflösung von Selbstgrenzen. Es gibt keine Auflösung von Selbstgrenzen ohne Tätigkeit von Raum. (vgl. Almaas) Damit meine ich, Raum an sich ist ein tätiges Etwas. Die Kontaktnahme mit Raum ist etwas, das uns ausdehnt. Ausdehnung und Glückserfahrung sind verwandt.

Multidimensionales Bewusstsein und feinsinnige Wahrnehmung – ein Wissen, das in allen schamanisch orientierten Gesellschaften lebendig ist und in unserer westlichen Kultur im Zuge der Aufklärung nahezu gänzlich verschwunden ist – kehren zurück in unseren normalen Alltag. Wir können uns bewusst für Intuition und hochenergetische Wahrnehmungsweisen öffnen und sie in unser Leben einladen. Wer sich für solch einen Weg entscheidet, erlebt so etwas wie Einheitserfahrung – die Erfahrung, dass alle Menschen miteinander verbunden sind, dass es eine Quelle von Energie gibt, aus der sich alles Leben speist.

Raumerleben ist noch nicht das Gleiche wie Seinserleben. Es gibt feine und doch wesentliche Unterschiede zwischen Raum- und Seinserleben: Zwischenräume zwischen den Gegenständen können als Tore beschrieben werden. Sie bereiten unsere Wahrnehmung für das Seinserleben vor und unterstützen, uns von der Illusion zu lösen, Gegenstände seien alleinige Wirklichkeit.

24. Das Feld ist die einzige Wirklichkeit

Die modernen Physiker benützen für die Raumrealität das Wort Feld. Es gibt zahlreiche Definitionen von Feld. Allen ist gemeinsam, dass das Feld eine besondere Wirklichkeit ist, dass es eine unerschöpfliche Quelle von Energie ist, aus der sich alles Leben speist. Albert Einstein formuliert sogar: „Das Feld ist die **einzige** Wirklichkeit." Das Feld ist Voraussetzung für alle aus diesem Feld entstehenden Wahrnehmungsgegenstände. Es ist der grundlegende Existenzboden, aus dem sich einzelne Dinge oder Wirklichkeiten ausstülpen.

Rupert Sheldrake, einer der kreativsten zeitgenössischen Biologen, hat hierzu faszinierende Erfahrungen berichtet und Modelle entwickelt. Sheldrake geht davon aus, dass sogenannte morphogenetische Felder ein Gedächtnis beinhalten. Dies ist der Ausgangspunkt für die Hypothese der Formbildungsursachen, d.h. im Feld wirken Kräfte, die einen möglichen Zustand in ihm **in nuce**, also im Zustand der Noch-Nicht-Realisierung, zu einem realen Gegenstand werden lassen

Für Sheldrake sind morphogenetische Felder physikalisch genauso real wie Felder in der Physik. Jede Art von Zellen, Geweben, Organen oder Organismen besitzt ihre eigene Art von Feldern. Diese Art von Feldern gestaltet und organisiert die Entwicklung von Mikroorganismen, Pflanzen und Tieren und stabilisiert die Formen des ausgewachsenen Organismus. Dies können die Felder aufgrund ihrer eigenen räumlich-zeitlichen Organisation.

Sheldrake geht davon aus, dass jeder Organismus, der einmal entstanden ist, jede Pflanze, jeder Pilz, ihre/seine Form in das kollektive

Gedächtnis des morphogenetischen Feldes einbringt. Es ist eine Art Gewohnheitsstruktur. Sie pflanzt sich fort durch Resonanz. Diese Resonanz formt und stabilisiert ihr Feld.

Nach Sheldrake ist diese Resonanz jedoch nicht als physikalisch, sondern als nichtenergetisch zu sehen. Es findet ein nichtenergetischer Informationstransfer statt. Diese Resonanzen zeigen rhythmische Muster, sie zeigen Schwingungen, Schwingungsfelder. Alles Leben ist rhythmisch durchpulst. Zwischen all diesen rhythmischen Aktivitäten bildet sich eine Resonanz. So können auch vergangene Schwingungs- oder Aktivitätsmuster die gegenwärtigen Muster beeinflussen. Diese morphische Resonanz beinhaltet eine Fernwirkung sowohl räumlicher als auch zeitlicher Art. Damit ist ausgesagt, dass es keine Beschränkung räumlicher und zeitlicher Beeinflussung durch Resonanz gibt.

Wir nehmen also ein Organisationsprinzip an, das auf einem nichtlokalen Bewusstseinsfeld beruht. Wir sind Schwingungsphänomene, die gelernt haben, einen physischen Körper zu bilden. Wir können diesen Satz oftmals wiederholen, über ihn nachdenken, ihn spüren, schmecken und langsam in unser Bewusstsein dringen lassen.

Schwingungsfeld- oder Raumerleben bereitet uns auf das Spüren von Energie vor. Es lockt hervor, dass wir

- uns entspannen und den Unterkiefer lösen,
- die Augen oder auch Ohren auf „unendlich“ einstellen,
- weniger zugreifen (nach außen greifen), sondern rezeptiv werden, empfangen,
- unsere gelernten Konzepte von Wirklichkeit loslassen,
- uns überraschen lassen von dieser neuen, tieferen Wirklichkeit.

Dann wird zur erfahrbaren Gewissheit, dass der uns umgebende Raum wie unser Innenraum nicht leer sind, sondern angefüllt sind mit Lebendigkeit, einem Etwas, das sich unserer genauen Definition entzieht.

Äußere Weite bringt uns mit innerer Weite in Kontakt, die uns seltsam vertraut und neu, aufregend und beruhigend zugleich vorkommt: Diese innere Weite, diesen unendlichen, geheimnisvollen Raum wollen wir hier als Metapher für die Seele nehmen. Wir nennen es den Seelenraum.

25. Ausdruck als Weg zum Core

„Kunst entsteht aus der Seele und nicht aus dem Intellekt heraus.
Wenn wir uns mit den Träumen von Menschen beschäftigen –
genaugenommen, mit ihren Visionen –
dann befinden wir uns im Bereich des Heiligen.
Wir haben es mit Kräften und Energien zu tun,
die größer sind als wir selbst.
Wir vollziehen eine heilige Handlung,
von der wir nur wenig wissen."
(Julia Cameron)

Wir Menschen sind wie alle Natur Zwitterwesen. Wir sind Geistwesen, die einen fühlbaren Körper haben, und wir sind Körperwesen, die vom Geist durchdrungen sind, ja sogar von ihm, dem Großen Bewusstsein stammen.

Wenn wir nur auf der einen Seite der Wahrnehmungsschranke leben, in dem sogenannten Sichtbaren, dann leben wir nur einen Teil unserer Wirklichkeit. Tief im Inneren schlummert die Sehnsucht nach dem Zuhause-Ankommen, was gleichbedeutend ist mit der Erkenntnis der Großen Wirklichkeit.

Menschen haben sich seit jeher Übergangswege geschaffen, wie sie zwischen den Welten wandern können, wie sie hin und her reisen und Türen oder Brücken finden können.

Einer dieser Übergänge ist das, was wir ***Wissenschaft*** nennen.

Ein anderer dieser Übergänge ist das, was wir Menschen ***Kunst*** nennen.

Für Albert Einstein sind beide Disziplinen gleichrangig: „Kunst steht gleichberechtigt neben der Wissenschaft, beide sind Ausdruck einer Annäherung an die ‚Wirklichkeit' – soweit es mit der schwachen Vernunft des Menschen möglich ist."

Die Physik ist nach Einstein nur eines von mehreren möglichen Mitteln zur Erkenntnis der Wirklichkeit. Nicht nur die Wissenschaften seien für die Suche nach der verborgenen Welt geeignet, sondern ebenso die Künste: „Künste und Wissenschaft sind Zweige desselben Baumes."

Wozu dient der schöpferische Ausdruck?

Das Hauptziel der Kreativität, des bewussten Schöpferseins – wenn sie ein Ziel hat – besteht darin, die Wahrheit über die Seele des Menschen zu offenbaren und zu verkünden, Geheimnisse auszusprechen, die sich mit einfachen Worten nicht sagen lassen. Eben deswegen gibt es den künstlerischen Ausdruck.

Künstlerischer Ausdruck, Kreativität, ist eine Form von Ritual, in dem wir in einen besonderen Zustand der Aufmerksamkeit gehen, um leichter zwischen den Welten (ich betone es immer wieder: die nur die Eine Welt ist) reisen zu können.

Diese rituellen Formen des Übergangs werden normalerweise unterteilt in verschiedene Kunstformen, beispielsweise Musik, Tanz, bildende Kunst, Malerei und Poesie. Doch sie hängen auf eine tiefe Weise zusammen, ergänzen und durchdringen einander, wie alle Ebenen der Wirklichkeit einander ergänzen und durchdringen.

Wenn ich also im Folgenden einige dieser Zugangsweisen zur Wirklichkeit beleuchte, dann ist diese Trennung willkürlich. In der Tiefe sind dies alles nur äußere Ausdrucksformen der Einen Wirklichkeit.

Warum sind viele Kreative süchtig und wonach sind sie süchtig? Den meisten Kreativen geht es weniger darum, einfach nur „besser" zu werden. Vielmehr versuchen sie, einen immer feineren Zugang zu diesen geheimnisvollen Wirklichkeiten zu gewinnen. Verfeinerte Kreativität hat viel mit gesteigerter Aufmerksamkeit zu tun. Je feiner und inspirierter ein Bild gemalt, ein Ton gespielt, Worte in einem Gedicht gewählt werden oder eine Bewegung getanzt ist, umso leichter öffnet dies den Weg zur Großen Wirklichkeit. Treffend formuliert es Alain Arias-Misson: „Das Ziel der Kunst ist nicht ein veredeltes, intellektuelles Destillat – es ist das Leben selbst, intensiv und brillant."

Was lässt uns Unsummen für ein Bild, eine Geige, für ein Konzert oder eine Plastik ausgeben? Sie können uns einen Geschmack von Ewigkeit vermitteln. Nichts ist uns wertvoller. Ein großes Werk ist deswegen ewig, weil es auf diese Tore in die Ewigkeit hinweist oder sie gar öffnet, wie ein Diamant, der nicht die Ewigkeit ist, sondern auf das ewige Licht deutet. Er ermöglicht uns den Zugang, wenn wir uns in ihn versenken und uns auf sein Licht, seine Reinheit und Klarheit einlassen.

26. Musik ist Leben

„Musik bringt zum Ausdruck,
was sich nicht in Worte fassen lässt
und doch nicht still bleiben kann.“
(Victor Hugo)

Welche Bedeutung hat die Musik für die Reise in das weite Land der Seele, zum Core? In der Musik kommt unser Innerstes zur Schwingung. Wir lernen, frei zu fließen, Strukturen zu erfahren und Strukturen einzuhalten, uns dem Chaos und der Ordnung hinzugeben, der Stille und dem Lautsein, dem Schöpfungsprozess in jedem einzelnen Ton, jeder einzelnen Melodie und jedem Rhythmus.

Die unterschiedlichen Ebenen der Musik spiegeln die mannigfachen Weisen des Lebens wider. Zart und kraftvoll, ängstlich und selbstbewusst, laut und leise. In der Musik wie in den übrigen Ausdrucksformen können wir eine Ekstase finden, die ein Herausstehen (Ek-stasis) aus dem Alltag ermöglicht und uns mit dem Schöpferwesen verbindet.

Gerade die scheinbare Sinnlosigkeit, die Nicht-Nützlichkeit des kreativen Ausdrucks ist ein besonderer Zugang zum Leben. Wie jedes andere Leben ist es zuerst in sich sinnvoll und hat keinen über sich hinausweisenden Sinn, als diesen Moment zu genießen, zu feiern und in diesem Moment das dahinter ahnbare und spürbare göttliche Wesen zu bejubeln.

Natürlich ist der Künstler in jeder Hinsicht auch eine Person und möchte sich selbst ausdrücken. Gleichzeitig geht es auch immer wieder um das dahinter Liegende, um das Größere, darum, sich als Gefäß zu empfinden, das nicht sich selbst produziert, sondern sich als Durchgangsstation für die größeren Energien der Inspiration, der Intuition und Schöpferkraft empfindet.

So ist jedes Werk, jedes Bild, jedes Musikstück ein neu geschaffenes Stück Leben, das uns ermöglicht, ein Grundprinzip der Freude, nämlich dass sie einfach ist und keinen Sinn braucht, zu feiern – grundlos glücklich, gründlich erfüllt.

Wir wollen hierzu einen Musiker zu Wort kommen lassen, der auch noch Physiker war: Albert Einstein. Sein wissenschaftliches Weltbild bestimmt zugleich seine Kunstauffassung, steht doch die Musik – über die gemeinsame „Sehnsuchtsquelle der Wirklichkeit“ – in einem Analogieverhältnis zur Physik. Es gibt nach Einstein ein Analogieverhältnis zwischen Wissenschaft und Komposition. Die Annahme einer alles bestimmenden „Wirklichkeit“ begründet nicht nur die Parallelität zwischen Musik und Physik, sondern wirkt sich infolge der von Einstein konstatierten „inneren Harmonie“ sogar auf dem Gebiet der Form aus. (Fischer, 1965, S. 32) S.

Die Musik als nicht sichtbares Schwingungsphänomen bietet einen besonderen Zugang zur Einen Wirklichkeit, die wir im Folgenden beschreiben werden. Der durch Musik hervorgerufene sinnliche Eindruck ist auf eine Weise immaterieller und vorübergehender als bei den übrigen Sinnen. Musik ist ein Übergangsmedium – ein Medium, das uns den Übergang von einer Wirklichkeitsebene zur anderen erleichtert, spürbar und hörbar werden lässt.

Musikhören kann unmittelbar zu einer Empfindung von Öffnung des inneren Raumes führen. Wir sind dafür ausgestattet. Unsere

Fähigkeit, in Stereo zu hören, ermöglicht uns ein unmittelbares Raumerleben. Wir können verschiedene Instrumente orten und wir können das Über- und Nebeneinander von einzelnen Stimmen wahrnehmen. Wir hören Ebenen und Schichten, die innere Räume wahrnehmbar machen können.

Ein gutes Raumerleben evozieren Rasseln, die in allen schamanischen Kulturen im rituellen Kontext eingesetzt werden. Rasseln oder das Rascheln mit Zweigen kann verstärkt werden durch „darunterliegende" Trommeln oder „darüberliegende" Pfeifen. Das Rascheln kann den Wind im Raum symbolisieren bzw. hörbar machen. Das Pfeifen weist auf das Singen der Vögel hin, die sich im unbegrenzten Raum bewegen können. „Wenn ich im Bewusstsein von meinem Klang und meinem Raum bin, dann kann ich Kontakt aufnehmen zu den Klängen und Schwingungen von anderen Dingen" (Nana Nauwald, 2008).

Im Kontakt mit unseren Sinnen – bei Musik mit den Ohren, die viel mehr sind als Ohren, nämlich Raumorientierungs-Organe – können wir uns in den Raum ausdehnen. In der Musik können wir wie beim Gehen durch den Raum Hörstrecken zurücklegen: Ich wandere beispielsweise mit meiner Wahrnehmung vom Kontrabass zur Klarinette und von dort zur Geige.

Eine besondere Qualität von Musik, die uns Raumerfahrung ermöglicht, liegt in der ***Gleichzeitigkeit*** verschiedener Ebenen. Nicht nur verschiedene Instrumente oder Stimmen erklingen gleichzeitig, auch Melodie, Rhythmus, Akkordharmonien und vielleicht sogar Texte erklingen zur selben Zeit mit unterschiedlicher Wirkung.

Wir können erfahren, dass wir „im Raum hören", dass wir Raum sind, also nicht nur, dass wir zwischen den Ohren hören, sondern unsere Wahrnehmung ausgedehnt ist in den Raum, in dem die Musik erklingt bis in unendliche Weiten.

In der Musik wie in der Poesie wird die Sehnsucht nach dem nie ganz Erreichbaren auf bezaubernde Weise deutlich. Wir können diese süße Sehnsucht unseres Herzens nach dem „Zuhause-Ankommen" hörbar machen. Wir können sie in einem Lied, in einer Melodie ausdrücken.

Wir können auch sogenannte wissenschaftliche Hinweise hinzuziehen, die allerdings von der Alltagserfahrung schon lange belegt sind: Der Ohrenarzt und Musikforscher Alfred Tomatis hat nachgewiesen, dass durch Hören oder Singen hoher Töne unsere gesamte Hirnaktivität stimuliert wird. Wir brauchen in gewisser Weise sogar die hohen Töne als Nahrung für unser Gehirn. Sie stimulieren unser sympathisches Nervensystem.

Durch tiefe Töne werden wir eher beruhigt. Sie sprechen unser parasympathisches Nervensystem an. Töne sind für lebende Wesen essenzielle Nahrung. Aktivierung des Gehirns geschieht durch hohe, Beruhigung durch tiefe Töne.

Alfred Tomatis beschreibt die Faszination für den hohen Klang. Für Tomatis ist das Ohr das weitaus wichtigste Sinnesorgan. Es ist über den Empfang hoher Frequenzen zu etwa neunzig Prozent an der Energiezufuhr zum Gehirn beteiligt. „In der Schnecke, der Cochlea, dem Hörorgan des Innenohres, befinden sich im Bereich der Wahrnehmung hoher Frequenzen viel mehr Sinneszellen als im Bereich der tiefen Frequenzen. Hohe Frequenzen setzen sich somit in eine unverhältnismäßig größere Zahl von Impulsen um, die eine wahre Aufladung, eine Belebung der cortikalen Tätigkeit bewirken. Das bedeutet, Bewusstsein, Denkfähigkeit, Gedächtnis, kurz geistige Wachheit, aber auch Vitalität und Kreativität."

Ist das der Grund für unser Streben nach Klang, insbesondere nach dem hohen Klang, die Sehnsucht nach der weiblichen Kopfstimme, dem flüssigen Kristall im Raum durch Klang?

Die Stimme spiegelt immer mindestens einen Bereich unseres Seins wider. Wenn wir mit der Zeit lernen, durchlässiger zu werden, können wir immer vielfältigere Empfindungen und innere Räume zum Klingen bringen.

Töne, Klänge, Musik sind also Nahrung für unser Gehirn, für unsere Seele und real auch für unseren Körper. Der Drang, zu musizieren oder Musik zu hören, ist wahrscheinlich so sehr eine Charakteristik unserer Biologie und Psychologie wie unsere anderen fundamentalen körperlichen Funktionen. Der Klang ordnet unsere inneren Systeme, er ordnet sie auf biologische und ganzheitliche Weise und scheint eine wichtige Lebensgrundlage für uns Menschen auf den vielfältigsten Wirklichkeitsebenen zu sein.

Wir fragen weiter nach der Bedeutung des musikalischen Ausdrucks auf dem Weg zum inneren Wesen. Hazrat Inayat Khan sagt: „Was ist nun Musik? Was wir Musik nennen, ist die Harmonie der hörbaren Töne, aber in Wirklichkeit ist Musik (auch) in Farben, in Linien, im Wald, wo es eine Vielfalt an Bäumen und Pflanzen gibt; und Harmonie liegt darin, wie sie miteinander in Einklang stehen. Je weitläufiger man Natur betrachtet, desto mehr wendet sie sich an die Seele. Warum? Weil es dort Musik gibt und je breiter gefächert der Ausblick eines Menschen auf das Leben wird, desto tiefer wird sein Verständnis für das Leben, und desto umfassender ist die Musik, der er zuhören kann, die Musik, die das ganze Universum widerspiegelt" (Hazrat Inayat Khan 1992: S. 217).

Im Klang kann der Mensch auf den inneren Aufbau des Lebens hören und dadurch zunehmend sichtbare Erscheinungen in ihrer unsichtbaren Qualität differenzieren lernen. Für den musikalischen Menschen (und es gibt keine unmusikalischen) ist der Klang das Medium der Kommunikation zwischen menschlicher Seele und Großem Einen. Der Mensch kann lernen, dass seine innere Struktur und die Struktur der Schöpfung durch Klang aufgebaut sind. Er kann Sensibilität für die Musikalität des Lebens und die Schwingungsverhältnisse verschiedener Schöpfungsbereiche entwickeln. Wir können ein Verständnis für die unterschiedlichen Frequenzen der Dimensionen des Lebens entfalten und dieses durch Klang aufnehmen.

Klanghören bereitet uns auf besondere Weise auf die Liebesfähigkeit vor. Im Hören geben wir uns hin, im Hören nehmen wir das Gehörte in uns auf, im Hören und wirklichen Lauschen wollen wir nichts anders haben, sondern öffnen uns der Liebe. Klanghören und lieben haben eine große Verwandtschaft, sie öffnen uns. „Die Liebe ist fähig, die Dinge nicht nur zu wollen, sondern sie wachsen zu lassen. Die Liebe gibt Zeit, sie schenkt Zeit. Klang ist das Auf und Ab über der Zeit, er ist das periodische Schwingen der sich verdichtenden und verdünnenden Luft über der verstreichenden Zeit. Wie Licht das Medium des Bildes ist, so ist Zeit das Medium des Klanges. Die Liebe schenkt Zeit. Ergo: **Klang ist nichts anderes als hörbare Liebe"** (Schleske, S. 176).

Je nach persönlicher Vorliebe öffnet uns Musik für Erfahrungen in erweiterte Bewusstseinszustände. Wir dürfen jedoch nie vergessen, dass manche Menschen eher durch ein Gemälde, ein Gedicht oder einen Tanz eine Öffnung des inneren Raumes erleben können.

Folgende Zeilen können nur einen flüchtigen Geschmack dieser Wege andeuten.

27. Jeder Kanal hat seine Würde

„Wir sehen das Ganze nicht,
aber was der Künstler ausdrücken muss,
ist das Ganze."
(Martinu)

Tanz

„Lerne tanzen,
sonst wissen die Engel im Himmel
mit Dir nichts anzufangen."
(Augustinus)

Tanz, Wort, Farbe, Figur und Bild sind weitere wertvolle Formen der Ausdrucksekstase. So wie Leben als Spiel gedacht werden kann, das seine sehr ernsthaften und manchmal auch dramatischen Aspekte hat, kann Tanz die Leichtigkeit des Lebens, aber auch dessen Schwere und Verfangenheit und Verlorenheit ausdrücken.

Eindruck und Ausdruck verschmelzen in eines. Im Ausdruck der Bewegung – wie bei den übrigen Ausdrucksformen auch – geschieht Verstehen und vielleicht auch Heilung. In der Bewegung kommen wir mit einem Geheimnis in Berührung: Das Leben lebt. Der tänzerische Ausdruck ist Inhalt und Symbol des Lebens zugleich.

Tanz ist Bewegung ohne praktisches Ziel. Die Bewegung ist wie eine ständige Neueinstellung des Antennensystems. Jeder Arm, jede Hand, jeder Fuß, jede Geste greift in eine andere Wirklichkeitsdimension. Indem sich das System des Körpers jeweils auf eine andere Bewegungsqualität einstellt, der Körper jeweils andere Formen des Tanzes in sich belebt, werden andere Antennenausrichtungen geschaffen, werden andere Ebenen, Schichten und Qualitäten des Seins, der Einen Wirklichkeit wie abgerufen, in sich wachgerufen oder gefeiert und gewürdigt.

Es gibt darüber hinaus keinen Sinn, als sich in diesem Moment zu bewegen, das heißt zu leben und vielleicht in der Form des Tanzes die großen Themen des Lebens auszudrücken, archetypische Formen des Seelenlebens zu verkörpern und spürbar werden zu lassen.

Tanz ist ausgedrückte Raumerfahrung. Tanz kann eine Bewegung des Körpers zur Seele hin sein. Er kann die Schwingungen der Seele sichtbar machen.

Poesie des Wortes

„Eine andere Welt ist nicht nur möglich,
sie ist auf ihrem Weg zu uns.
An einem stillen Tag,
kannst Du sie atmen hören."
(Arundhati Roy)

Worte können als Weg zum Kern und zur Bewusstseinserweiterung Brücken bauen. Sie können eine Erweiterung der Perspektive andeuten, hervorlocken, in die Gegenwart zaubern. Worte, die klingen, die das Herz berühren, poetische Worte können vom Geheimnis des Lebendigen künden. Gedichte können den Zauber des Lebens verdichten.

Ich klinge, also bin ich.
Jetzt mach ich mich auf,
für Dich, Du namenloses, ungeheures, liebendes Brausen,
Du ewiger Klang, klingend, schwingend seit Unendlichkeiten.

Ich bin wie Du,
weil ich ein Teil von Dir bin,
Namenloses,
und habe teil an Deiner Schöpferkraft.

Du bist wie ich,
weil Du ein Teil von mir bist,
Namenloses,
und Du hast teil an meiner Schöpferkraft.

Namenloses,
wie schön ist doch das Leben,
ich danke Dir
und atme lächelnd mich ins Jetzt.

Gestaltender Ausdruck

„Wovor Du wegläufst
und wonach Du Dich sehnst,
beides ist in Dir selbst.“
(*Anthony* de Mello)

Bei vielen Menschen ist der visuelle Kanal sehr stark, wenn nicht der stärkste. Deswegen sprechen wir normalerweise von Visionen, wenn wir die Zukunft gestalten wollen. Wir könnten beim Komponisten auch von „Audionen“ oder beim Massagekünstler von „Haptionen“ oder beim Tänzer von „Movionen“ sprechen.

Im bildenden Ausdruck werden Visionen sichtbar gemacht. Im schöpferischen Ausdruck sind wir genauso Priester und Verkünder verborgener Wahrheiten wie ein Physiker, der im Teilchenbeschleuniger eine neue Mesonenkette gefunden oder den Spin eines Elektrons berechnet hat. Beides sind nur Bilder, Symbole, Annäherungen an die Wirklichkeit. Beides ist nicht die Wirklichkeit selbst. Wenn wir die Unterscheidung zwischen Physiker und Künstler aufheben, sind wir einen Schritt weiter in der Wirklichkeitserkenntnis.

Arbeiten mit Stein oder Ton

Stein oder Ton sind uralte Materie und bringen uns in Kontakt mit der Erde, mit dem Kreislauf der Natur, mit uns selbst. Steinbearbeitung und Tongestaltung sind zugleich kulturelles und mystisches Tun. Die Seele des Gestaltenden verbindet sich mit dem Material und lässt daraus eine Form oder Figur entstehen, die potenziell schon vorhanden ist. Die Figuren beinhalten das Göttliche, also das ursprüngliche und eigentliche Wesen des Menschen. Es entsteht daraus auch der Mensch selbst. Im Geformten kommt also stets der Formende selbst zum Ausdruck und wird sich selbst im Spannungsfeld zwischen Sein und Tun.

Jeder Stein, jedes Material, Ton, Holz und anderes sind ein Stück Ewigkeit, dichte Materie, die durch ihre Energie oder besser Schwingung in die Langsamkeit und über alle Zeit hinweg zum Ursprung aller Materie führt. Die Qualität von Raum, Zeitlosigkeit und Stille wird erlebbar. In diesem Zustand drückt die Seele aus, was sich mit

Worten nicht sagen lässt. Stein und Ton werden zum Boten. Sie wirken auch durch ihre Farbe, ihre aus ihnen enthüllte Form. Sie zu berühren, kann eine Verbindung mit dem einen Urgrund spürbar werden lassen, kann eine Berührung der Seele sein (nach Marion Windisch und Ingrid Heussen).

Malerei

„Nach innen geht der geheimnisvolle Weg.
In uns oder nirgends ist die Ewigkeit mit ihren Welten,
die Vergangenheit und Zukunft."
(Novalis)

Ein ebenso tiefer Weg kann der Weg über Farben/Bilder in der Malerei sein. Hier verbinden wir uns mit den Schwingungsqualitäten von Farben, deren Widerspiegelung und Repräsentanz der Dimensionen, die hinter der sichtbaren Wirklichkeit liegen. Die Schwingungen der Farben können Tore in unterschiedliche Bewusstseinsebenen sein. Wir können lernen, in den Farben und Formen des Bildes die Geheimnisse des Unsichtbaren zu sehen.

Ich möchte noch einmal betonen, wie unumgänglich es ist, dass jeder Einzelne seinen persönlichen und nicht austauschbaren, sogar einmaligen Weg und Kanal für den Zugang zur Großen Wirklichkeit findet.

28. Wir sind zutiefst gut und paradox

„Was vor uns liegt und was hinter uns liegt,
ist unbedeutend verglichen mit dem,
was in uns steckt."
(Ralph Waldo Emerson)

Jeder Mensch ist voll von Widersprüchen und Schattenaspekten, dunklen Seiten und dem sogenannten Bösen. Wir wollen Macht ausüben, besitzen, beherrschen oder uns unterwerfen. Wir kennen den Zerstörungsimpuls, ja manchmal sogar den Tötungsimpuls. Wir sind Raubtiere, wir zerstören, um uns zu ernähren, saugen aus, um zu wachsen. Wir sind müde, faul oder habgierig, neidisch und eifersüchtig. Wir leiden an Verletzungen und fügen Verletzungen zu. Wir beißen und fressen, verlassen und werden verlassen.

Lebensprozesse verlaufen immer dynamisch, gar paradox und nie geradlinig. Es gibt keinen Himmel auf Erden und sicher auch nach dem Tode nicht. Die Vorstellung von ewiger Harmonie jedenfalls scheint merkwürdig undynamisch und tot zu sein. Wir leben aus der Polarität, aus und in Widersprüchen und verzweifeln oft an der „Schlechtigkeit" von uns Menschen.

Als multidimensionale Wesen sind wir jedoch in unserem Kern gesund und rein. Wir sind zutiefst gut. Das ist kein Widerspruch zu unseren dunklen Seiten an der Oberfläche, zu unserem oft düsteren Verhalten. Dies will ich im Folgenden erläutern.

Für die meisten Menschen ist es eine existentielle Frage: Bin ich im Kern oder zutiefst im Innern gut, also okay? Dies meint nicht gut im Sinne von Leistung, sondern im Sinne von gut, also liebenswert, in Ordnung, von der Schöpfung angenommen.

Ist da in mir eine grundsätzliche und unhinterfragbare Gutheit? Wie kann ich diese innere Qualität erkennen, spüren und annehmen? Äußerlich habe ich Fehler, bin ich unvollkommen, leide, habe Verletzungen oder Defizite. In mir gibt es jedoch eine durch nichts getrübte Gutheit.

Diese können wir spüren und erfahren lernen. Es gibt einen Weg dahin. Die gesamte integrale Freude-Psychologie, die in diesem Buch entwickelt wird, zeigt Wege dorthin. Es ist wie ein Sprung oder ein erster Schritt, sich dahin aufzumachen und den guten Kern in sich zu finden, ihn zu erfahren, dann ihn immer mehr kennen zu lernen und auf ihn zu vertrauen.

Es mag zwar Stimmen geben, die sagen: „Ich bin nichts wert." Wir denken, dass wir schlecht sind, weil wir nicht vollkommen sind. Wir sind oder fühlen uns allein, weil wir meinen, dass etwas mit uns nicht stimmt. Wir bemühen uns, gut zu erscheinen, und versuchen etwas zu beweisen, was nicht bewiesen werden muss, nämlich dass wir gut sind.

Was ist das Geheimnis des Sich-zutiefst-gut-Fühlens?

Wie können wir dieses Angenommensein von der Existenz spüren, sehen, hören, fühlen, annehmen und wertschätzen lernen?

Wenn wir auf dem Weg zur Freude und schöpferischen Entwicklung sind, müssen wir auch bereit sein, Hilflosigkeit, Angst, Schmerz und Widersprüche zu empfinden. Wenn wir diese dunklen Zustände ausschließen, schränken wir unser Erleben ein. Die „guten" Zustände werden so ebenfalls unerreichbar. Der Schatten unseres Lichtwesens will und muss gesehen werden. Die dunkle Seite der menschlichen Natur zu ignorieren ist Wunschdenken. Wir können nicht überwinden, was wir nicht voll und ganz erlebt haben. Doch jenseits von Gut und Böse gibt es die Dimension unserer Lebendigkeit, die der Zugang zu unserer „Kerngutheit" ist.

Viele Menschen hetzen durch ihr Leben, einem ominösen Ziel nach. Im Jetzt ist alles schon da, in Wahrheit sind wir schon „zu Hause" angekommen.

Aus meiner Erfahrung in der Arbeit mit Menschen kann ich sagen, dass die grundsätzliche Erfahrung des eigenen Gutseins die Grundlage aller Heilung darstellt, dass sie den Heilungsboden für Wachstum, Beziehungsfähigkeit und Liebesfähigkeit darstellt.

29. Können wir Selbstannahme lernen?

„Die entscheidende Frage ist,
ob wir uns vom Universum getragen und unterstützt fühlen
oder nicht."
(Albert Einstein)

Ich möchte die inneren Zusammenhänge der Selbstannahme anhand einer meditativen Übung beleuchten. Ich schlage Ihnen vor, diese Meditation beim Lesen innerlich mitzuvollziehen oder sich diesen Text von einer Person vorlesen zu lassen.

Die Meditation hat zwei Stadien, das objektive und das subjektive. Vorher gönnen wir uns Entspannung, Dynamisierung, einen kleinen Tanz, ein kleines Schütteln, ein Wachwerden der Körperenergien. Dies kann unterstützt werden durch die jahrtausendealte Pranayama-Atemübung: Wir atmen so langsam wie möglich ein und halten den Atem so lange wie möglich an und das Gleiche in umgekehrter Richtung. Hierbei spüren wir, ob wir durch das betonte Einatmen zu mehr Energie gelangen oder im aktiven Ausatmen. Diese Unterscheidung hilft uns, aufmerksamer zu sein und besser in unsere Energie zu kommen.

Im ersten Schritt dieser Übung wechsle ich vom Subjekt der Wahrnehmung zum Objekt der Beobachtung. Das heißt, ich hebe die Perspektive aus mir heraus, schaue von der Seite, von oben oder hinten auf mich, ich sehe mich dort sitzen oder tanzen, bewegen und beobachte mich als jemand, der dort sitzt oder tanzt.

Ich überlege, welche Menschen mir wohlgesonnen sind und Liebe und Güte mir gegenüber empfinden. Diese Menschen freuen sich, dass es mich gibt. In dieser Übung sehen sie mich an und senden mir wohlwollende Blicke, Worte, Wärme und Liebe.

Wie diese liebevollen Menschen uns ansehen, **so scheint auch** die Existenz mit Güte, Verständnis und Wohlwollen auf uns zu blicken.

Diese wohlwollenden Augen und Stimmen sprechen in vier Schritten zu uns. Oder – je nachdem, was mein bevorzugter Sinneskanal ist – sie berühren mich, ich spüre sie auf der Haut, ich sehe sie sich mir zuwenden, sie schreiben mir einen Brief.

Wir spüren, welche Empfangs- und Senderkanäle uns wichtig sind: sehen, hören, spüren, riechen usw. Dann wählen wir den Empfangskanal aus:

Ich sehe die liebevollen Blicke dieser Menschen, die durch ihren Blick vermitteln, dass ich angenommen bin.

Oder:
Ich höre mit den Ohren die Botschaften, dass es gut ist, was ich mache.
Ich rieche die Wohlgerüche dieser Information.

Diese wohlwollenden Menschen sagen:

1. **Es ist gut, was du, die oder der dort sitzt oder tanzt, macht.**
   Liebevolle Augen schauen, Ohren hören und Stimmen sprechen zu den dort Sitzenden. Sie gehen durch seinen

Alltag und beschreiben, was er oder sie alles macht und bezeichnen es warm und wohlwollend als gut, als angenommen, als akzeptiert.

2. Im nächsten Schritt beschreiben diese liebenden Augen und Stimmen:
   Es ist gut, *wie* du bist.
   Sie beschreiben deine *Qualitäten* und beschreiben diese jeweils als gut, als wertvoll, als liebenswert, als in Ordnung, als gewünscht und akzeptiert. Die hellen Seiten, die dunklen Seiten, die Schwierigkeiten, die Konflikte, die Kämpfe, alles, wie du bist. Das ist gut.

3. Im nächsten Schritt sprechen, schauen und strahlen diese liebenden Augen oder Münder oder Berührungen oder Briefe die Information:
   Es ist gut, dass du bist, dass es dich gibt.
   Der reine Tatbestand deiner Existenz ist gut. Es ist eine Freude, dass du existierst, es ist gewollt und gut, dass es dich gibt. Jenseits deines Handelns und deiner Qualitäten ist es einfach gut, dass du lebst und bei uns bist, ob nah oder fern.

Im vierten Schritt gehen wir noch stärker hinter die Qualitäten und erleben den Raum der Eigenschaftslosigkeit des

4. **„Ich Bin, es gibt mich, ich bin lebendig und Teil des Lebens".**
   Hinter dem Tatbestand des Gutseins deiner Existenz gibt es eine Dimension, in der dieses Gutsein aufgeht in die reine Essenz von Lebendigkeit, von leerem Raum, von Fülle des Seins, ohne innere Qualifizierung, einfach da:

Dies ist es und das ist gut. Jenseits des Gutseins ist das reine „Ich Bin“, die Essenz.

Nachdem wir nun die Essenz, nämlich eigenschaftslose Lebendigkeit, das Wesen des Lebens gespürt haben, gehen wir weiter. Vorher hatten wir den persönlichen subjektiven Standpunkt überwunden, indem wir den objektiven Standpunkt der liebenden Menschen eingenommen haben.

Indem wir unsere Gutheit in uns würdigen und annehmen, haben wir unsere Schattendimensionen, das Negative in uns oder die Schwierigkeiten nicht aus der Welt geschaffen. Wir nehmen sie an. Aus einer höheren Perspektive betrachtet, werden die persönlichen Emotionen klein wie ein Sturm im Wasserglas. Wir befreien uns von der Trennung in Gut und Böse und tauchen ein in die Dimension des Seins jenseits von Gut und Böse.

Die objekthafte Beobachtung von außen ist im doppelten Sinne objektiv:

1. Sie schaut auf mich als Objekt und
2. sie schaut objektiv von einem höheren Standpunkt aus und kann von dort die Wahrheit meines Gutseins bestätigen.

Wenn ich die Blickrichtung sodann von der objektiven Dimension in die subjektive wandle und von innen aus spreche, gehe ich die gleichen vier Schritte:

1. **Es ist gut, *was* ich mache**. Ich sage mir das und beschreibe die verschiedenartige Fülle dessen, was ich im All-

tag tue, und benenne es jeweils als von mir und den wohlwollenden Menschen angenommen, als okay, als gut.

2. Im zweiten Schritt mache ich mir deutlich, dass es gut ist, *wie* ich bin. Ich beschreibe meine Qualitäten, wie es oben die Menschen schon getan haben und genieße es, die einzelnen Qualitäten zu spüren. **Es ist gut ist, *wie* ich bin**.

3. Im dritten Schritt spüre ich, dass es gut ist, *dass ich bin,* und spüre die reine Qualität der Gutheit meiner Essenz, gut im Sinne von auf dem Weg, wahr, schön, suchend, irrend, liebend und trennend, lebendig existierend. Ich genieße die Qualitäten von angenommen, liebenswert, präsent und von mir und von der Existenz gewollt zu sein.
   Es ist gut, dass ich bin.
   Ich kann diesen Satz oft wiederholen, um ihn langsam tiefer in mich einsinken zu lassen.

4. Wiederum trete ich hinter diese Beschreibung einer Qualität von Gutheit in den Raum der Eigenschaftslosigkeit – jenen Raum, in dem das reine „Ich Bin" existiert. **Dieses „Ich Bin" kennt keine Gutheit oder Schlechtheit.**

   Es ist die Lebendigkeit der Existenz, reine Leere und reine Fülle.

Damit diese und andere Übungen wirksam werden können, müssen wir einige Bedingungen für Veränderung anschauen. Andrew Newberg nennt vier wichtige Schritte, damit ein Lernprogramm sich in uns einprägen kann:

1. Wir wollen die Situation wirklich verbessern.

2. Wir halten fest an unserer Aufgabe und an unserem Ziel.

3. Wir regulieren bewusst unsere Atmung, unsere Körperhaltungen und Bewegungen.

4. Wir üben die entsprechende Empfindung oder Meditation über einen langen Zeitraum. Nach Andrew Newberg reichen 12 Minuten am Tag konsequentes Üben (Newberg S. 56).

Die schlechte Nachricht: Ohne ein konsequentes Üben ist also wenig zu machen. Das Dranbleiben, auch beim Freudelernen, ist wichtig, Zaubern gelingt selten.

Die gute Botschaft: Veränderung ist jedoch möglich. Und sie gelingt mit zunehmender Freude. Und auch hier gilt: Entwicklung geschieht langsam und in Sprüngen. Manchmal in großen Sprüngen.

30. Was ist Wirklichkeit?

„Würden die Pforten der Wahrnehmung gereinigt,
es schiene den Menschen alles,
wie es ist: unendlich.
Denn der Mensch hat sich selbst eingesperrt,
so dass er alle Dinge nur
durch die engen Ritze seiner Höhle sieht."
(William Blake)

Wenn wir in tiefere Wahrnehmungsebenen vordringen, erfährt unser Denken darüber, was die wirkliche Natur der Welt sei, eine Veränderung. Noch immer geht der Mainstream der Wissenschaft und des Alltagsbewusstseins davon aus, dass unsere Sinneswahrnehmung dafür maßgebend sei, was die Wirklichkeit ist. Aber bereits das alltägliche Bewusstsein zeigt, dass es so nicht sein kann. Unsere Sinne suggerieren uns, dass die Erde eine Scheibe ist, dass die Sonne sich um die Erde dreht und dass der Mond seine Form verändert. Wir glauben, dass wir auf einem festen, unbewegten Boden stehen, dabei bewegt sich die Erde mit vielen tausend Kilometern pro Stunde durch das Universum. Schon diese alltäglichen einfachen Erfahrungen zeigen, dass unsere Sinne nicht der Maßstab für eine angemessene Realitätsinterpretation sein können.

Unser Bewusstsein ist durch diese Sichtweise programmiert. Es macht uns glauben, unsere Sinneseindrücke seien wahr. Wir sind eingesperrt in dieser Überzeugungswelt, denn wir werden von klein auf trainiert, in dieser vorgegebenen Sinneswelt zu leben.

Sie kennen vielleicht die Experimente mit Fliegen, die man in einen Topf sperrt und einen Deckel darauf legt. Wenn man den Deckel nach einiger Zeit wegnimmt, werden nur wenige Fliegen diesen Topf verlassen können. Aufgrund ihrer vormaligen Sinneserfahrung haben sie nun eine Programmierung, der zufolge ihr Universum oben begrenzt ist.

Ebenso werden Elefanten in Indien trainiert, indem man die jungen Tiere mit schweren Eisenketten an kräftige Bäume kettet. Später reduziert man die Stärke der Eisenketten und Bäume und schließlich lassen sich die Elefanten, auch wenn sie groß und stark geworden sind, mit dünnen Seilen an dünne Äste anbinden. Der Elefant ist nicht mehr in der Lage, sich fortzubewegen, da er die Programmierung, die Ketten wären unzerreißbar, in sich gespeichert hat.

Wir kennen auch die Versuche mit Fischen, denen man Trennwände aus Glas ins Aquarium gestellt hat. Wenn diese Trennwände später entfernt werden, können die Fische nur so weit schwimmen, wie es die Trennwände bisher gestatteten. Sie befolgen das innere Programm: Meine Welt geht bis hierher und nicht weiter.

Wir nehmen nur das wahr, was wir aufgrund innerer Konditionierungen für möglich halten. Mit unseren Konzepten definieren wir die Welt. Es ist z.B. ein großer Unterschied, ob ich die Welt mürrisch oder mit einem Lächeln wahrnehme. Den Tag über oftmals zu gähnen (als Öffnung) und sich häufig oder regelmäßig ans Lächeln zu erinnern, verändert unsere wahrgenommene Realität auf das Erstaunlichste. Das Lächeln wird immer echter und inniger, wird immer authentischer und wesentlicher.

Wie aber sieht die Realität wirklich aus? Die Antwort ist kompliziert und einfach zugleich: Die Welt ist so beschaffen, wie die Sinnesapparate und die resultierenden Konzepte des jeweiligen Wahrnehmenden beschaffen sind. Fledermäuse, Chamäleons, Bienen und Schlangen nehmen die Welt aus unterschiedlicher Perspektive mit unterschiedlichen Sinnesapparaten wahr. Schlangen können nur Infrarotstrahlung aufnehmen, Fledermäuse das Ultraschallecho. Bienen, Fliegen und viele andere Insekten können unsere normale, d.h. die für uns sichtbare Lichtwellenlänge nicht wahrnehmen, dafür aber ultraviolettes Licht.

Viele moderne Neurophysiologen kommen schließlich zu der Überzeugung, dass es in Wirklichkeit dort draußen keine definierbaren Farben, Gerüche, Stoffe und Berührungsqualitäten gibt. Dort draußen (was wir die Welt nennen) gibt es nur ein reines Energiegesamt. Es ist ein formloses Schwingungsmuster, das wir durch unsere Wahrnehmung zu einer unseren Wahrnehmungskanälen entsprechenden Welt konstituieren. Aus diesem Feld unendlicher Möglichkeiten da draußen bauen wir unsere Realität.

Blicken wir auf unseren Körper, so wird dieser Schwingungsaspekt sehr deutlich. Unser Körper ist niemals derselbe. Mit jedem Atemzug atmen wir eine unendliche Zahl von Atomen ein – eine Zahl mit zweiundzwanzig Nullen. Diese riesige Menge verteilt sich in unserem Körper in alle Zellen und Organe. Beim Ausatmen stoßen wir ebenso viele Atome aus, welche nun aus unserem Körper kommen. Das heißt, wir sind ständig mit dem gesamten Universum im Austausch. Wir teilen mit ihm ebenso wie mit anderen Menschen, Tieren und Pflanzen auf sehr intime Weise unsere Organe, unsere Ausstrahlung, unser Sein.

Unser Körper verändert sich ständig. In den letzten drei Wochen ging eine Quadrillion Atome durch unseren Körper – Atome, die früher anderen lebenden Wesen unserer Gattung oder anderen Pflanzen und Tieren gehörten. Innerhalb weniger Jahre ersetzen wir achtundneunzig Prozent aller Atome unseres Körpers. Das heißt, wir ändern ständig unseren Körper und unsere inneren Organe. Sogar die Hirnzellen, mit denen wir zurzeit denken, gab es vor einiger Zeit noch nicht. Selbst unsere grundlegende Informationsübermittlerin, unsere DNA, die Erfahrungen aus vielen Millionen Jahren Evolution in sich speichert, entsteht und vergeht alle sechs Wochen, obwohl sie dabei die für uns wesentlichen Grundinformationen beibehält. (Dies ist ein schönes Beispiel für die Unsterblichkeit der Seele, unserer Grundschwingungsinformation, und soll weiter unten ausgeführt werden).

Berechnungen haben ergeben, dass wir in weniger als zweieinhalb Jahren unseren gesamten Körper bis zum letzten Atom ersetzen. Wenn wir also denken: „Ich bin mein Körper“, kommen wir in eine schwierige Situation. Welchen Körper meinen wir? Unser Körper ist ständig neu. Nur unsere Meinungen, Konzepte und Ideen haben sich wenig verändert. Sie überdauern etwas länger.

Auch wenn unsere DNA sich ständig erneuert, speichert sie doch sämtliche Erinnerung, die gesamte evolutionäre Entwicklung der Menschheit.

Vielleicht ist dies ein Hinweis auf das, was Leben überhaupt ist:

Leben als ein Bewusstseinsfeld, das seine materielle Wirklichkeit ständig erneuert und verändert, das aber durch seine Feld-Eigenschaft in der Lage ist, Erinnerungen in den jeweiligen Schwingungsfrequenzen zu speichern.

Wenn wir unseren Körper vom Standpunkt der Physik anschauen, stellen wir fest, dass er aus einer riesigen Leere besteht, die von einem Schwingungsfeld zusammengehalten wird. 99,999 Prozent des Körpers wie auch das des gesamten übrigen Universums bestehen aus leerem Raum, lediglich 0,001 Prozent ist Materie. Können wir also sagen: Alles ist leerer Raum?

Was ist dieses Leersein oder dieses Nichts? Was ist dieser innere Raum, der mit einer erstaunlichen Kreativität alles Mögliche hervorbringt? Vielleicht ist dieses Nichts der Schoß der Schöpfung selbst, der Schoß der Schöpfung im leeren Raum?

31. Das Gehirn ist ein Empfänger

„Aus der Leere kommen tausend Dinge."
(Laotse)

Unser Organismus, unsere Zellen stehen über Botenstoffe in ständiger Verbindung miteinander. Das Nervensystem, zu dem das Gehirn gehört, ist in Kommunikation mit dem Immunsystem, der Psyche und dem Hormonsystem. Die Herstellung dieser Botenstoffe variiert je nach Stimmung, je nach Gedankenmuster. Sind wir traurig, produziert unser Organismus andere Transmittersubstanzen als bei Freude oder Verliebtheit. Gedanken- und Gefühlsinformationen werden zeitgleich im gesamten Körper wahrgenommen, sie laufen in Realtime-Geschwindigkeit durch den Körper, ja man kann sagen, sie sind überall zugleich. Es braucht also keinerlei Zeit, um bestimmte Informationen durch den Körper zu senden.

Unser Körper ist ein Feld, in dem Informationen gleichzeitig abrufbar sind, ein Feld, das durch diese Informationen und durch die Bildung von Zellen und Organen den Körper konstituiert.

Das Feld kreiert sich selbst, indem es mit sich interagiert. Es schafft sich aus diesem leeren Raum des Nichts.

Dieses Selbstbewusstseins- und Selbstkreativitäts-Feld ist jedoch nicht auf den Körper beschränkt. Es dehnt sich über den Körper hinaus aus. Gut wird dies veranschaulicht durch die sogenannten Pheromone, die Duft-, Lock- und Informationsstoffe. Haben wir bestimmte Gefühle, so ändert sich unser Geruch. Dieser Geruch breitet sich eindeutig über unseren Körper hinaus aus. Ebenso drücken sich unsere Gedanken, Ideen und Bilder in bestimmten Schwingungen, Gerüchen und anderen atmosphärischen Ausdünstungen unseres Körpers so aus, dass andere wahrnehmende Wesen dies spüren können. Kommen wir in einen Raum, in dem viel Angst vorherrschte, merken wir das an der Qualität des Geruchs und der dort vorhandenen Energie. Ebenso können wir die Freude spüren, die vorher in einem Raum gelebt wurde.

Die von uns abgesonderten Duftstoffe sind ein Abbild unserer Emotionen und Gedanken. Wir können also unsere Gedanken und Gefühle in einem Raum zurücklassen. Auch wenn wir hinausgehen, können nachfolgende Personen in diesem Raum spüren, wie es uns ergangen ist.

Ich habe das über eine längere Zeit prüfen können: Mittwochs von fünf bis acht Uhr leitete ich über mehrere Jahre eine Therapiegruppe. Kurz nach acht kam eine Kollegin, die anschließend ihre Arbeit in dem selben Raum anbot. Beim Hineinkommen sagte sie mir immer, wie meine Gruppe heute gewesen war, ob wir zum Thema Angst, Freude, Spannung, Liebe, Bodenkontakt oder Mutterbeziehungen gearbeitet hätten. Sie konnte die Atmosphäre der Gruppe exakt an den Gerüchen und an der Atmosphäre des Raumes diagnostizieren. Da ich den Gruppenprozess selbst drei Stunden lang miterlebt hatte, konnte ich bestätigen, dass sie stets richtig lag.

Wir können aus diesen Beispielen zu der Überzeugung gelangen, dass Geist nicht lokal ist. Er ist nicht auf unseren Körper begrenzt und schon gar nicht auf unser Gehirn. Unser Geist dehnt sich aus. Er ist ein nicht-lokales, überall und jederzeit existierendes Informationsfeld im Raum-Zeit-Kontinuum, um es mit den Worten der modernen Physik zu umschreiben.

Dieses Informationsfeld kann nun an unterschiedlichen Punkten des Universums verschieden erkenntnisfähig sein. Manchmal ist das Feld, das wir auch Bewusstsein nennen können, sehr umfassend. An anderen Stellen ist Bewusstsein eher begrenzt. Dennoch: Überall ist dieses Bewusstsein, dieses Informationsfeld.

Dieses Bewusstseinsfeld hat sich über Jahrmillionen weiterentwickelt und scheint seit der Menschheitsentwicklung in der Lage zu sein, sich durch das menschliche Nervensystem selbst zu erkennen. Wir sind also diese Wesen, durch die das Universum sich seiner selbst bewusst wird. Dieses Bewusstseinsfeld, das wir menschlichen Körper nennen, ist nicht getrennt von dem übrigen größeren Körper, den wir Mitwelt nennen. Diese wiederum ist nicht getrennt von dem noch größeren Körper, den wir Universum nennen. Nur durch den Aberglauben, dass unsere sinnliche Wahrnehmung Wirklichkeit definiert, erleben wir diese ineinander verschachtelten Räume als voneinander getrennt.

Wir können dieses nicht-getrennte Schwingungsphänomen in psychologischer Sprache Bewusstsein nennen oder in physikalischer Sprache ein nicht-lokales Informationsfeld, das auf sich selbst Bezug nimmt.

Wir konstituieren unsere Wirklichkeit und unsere Reaktionen darauf durch unsere Gedanken und Ideen. Dies ist jedoch nur ein Teil der Wahrheit.

Andererseits gibt es diese Wirklichkeit, dieses Sein wirklich. Es existiert real und ist unabhängig von uns vorhanden. Wir konstituieren, konstruieren nur das Wie des Universums, das Wie für unsere Wahrnehmung. Das Universum ist zusammengesetzt aus einer unendlichen Fülle von Einflüssen, Dynamiken und Prozessen, die wir in keiner Weise als Ganzes wahrnehmen können. Wir kreieren uns selbst. Wir sind unser Schöpfer. (Für diesen Satz wurde man vor ein paar Jahrhunderten noch verbrannt.) Wir werden auch von der Umwelt kreiert. Wir schaffen uns in jedem Moment neu und sind das Ergebnis von Millionen Jahren Evolution.

Wir schaffen unser Bewusstsein und sind das Ergebnis unseres Bewusstseins. Die Frage ist nun: Wer ist dieses „Wir“?

Wer ist das, der dieses Bewusstsein schafft oder von ihm geschaffen wird?

Wer oder was hat diese Gedanken, Konzepte, Gefühle?

Was ist dieses Eine, das diese Kreativität, diese Schöpferkraft hat, um zu einer Wirklichkeit zu werden?

Wir können es nicht im Gehirn, wir können es nicht im Körper finden.

Wo aber finden wir es?

Es wäre vermessen, diese Fragen endgültig zu beantworten. Vielleicht können wir mit dem Scherz eines Weisen antworten: „Diese Fragen sind so gut, ich will sie nicht mit einer Antwort verderben.“

Durch bildgebende Verfahren wie Magnetresonanztomografie sind die ausführenden Impulszentren im Gehirn deutlich lokalisierbar. Wir sehen, wo in unserem Organismus die einzelnen Befehle ausgeführt werden. Wir können jedoch nicht den Ort finden, der den Befehl gibt. Er ist zur selben Zeit nirgendwo und überall. Es ist das nicht-lokalisierbare, nicht-definierbare Bewusstsein, das mit sich selbst in Kontakt ist und Ideen generiert, die über es hinausgehen.

Diese Kraft, die gleichzeitig überall und nirgendwo ist, ist mehr als die Gedanken. Sie lässt sich durch Gedanken nicht finden. Vielmehr liegt dieses kreative Moment genau in der Lücke zwischen den Gedanken. Es ist der Raum zwischen den Mustern, der Kreation ermöglicht. Es ist das Bewusstsein, das erst das, was wir Wirklichkeit nennen, kreiert.

Ebenso ist es mit Raum und Zeit. Gerade diese früher als besonders wirklich erachteten sogenannten physikalischen Größen haben sich als Konstrukte des menschlichen Bewusstseins erwiesen. Kein moderner Physiker würde heute noch das Wort Zeit für sich allein benützen und behaupten, er wisse, was Zeit sei.

Wir sprechen heute von einem Raum-Zeit-Kontinuum. Zeit, wie wir sie erleben, ist ebenso ein Konstrukt unserer Sinneserfahrung. Zeit ist höchst subjektiv. Wir erleben Zeit als schnell vorbeifliegend oder als sich lang dehnend. Unser Zeitbewusstsein ist sehr relativ. In tiefen Bewusstseinsebenen nehmen wir wahr, dass es keine Zeit gibt.

Zeit können wir u. a. beschreiben als eine Bewegung unserer Gedanken.

Wenn unsere Gedanken in der Meditation still werden, wenn es uns gelingt, in die Lücke zwischen den Gedanken vorzustoßen, bleibt im Bewusstsein die Zeit stehen.

Dieser zeitlose Raum öffnet uns den Horizont in das, was wir Bewusstseinserweiterung nennen – eine Wahrnehmung des Universums ohne Anfang, ohne Ende, ohne Zeitbegrenzung und ohne räumliche Begrenzung. Wir können dies jedoch nicht mit Konzepten verstehen. Etwas, das nie begonnen hat, können wir weder begreifen noch visualisieren. Dieses Etwas, das wir als Welt in unserer Sinneserfahrung beschreiben, ist viel komplexer, als wir denken, ja viel komplexer, als wir denken können.

Dieses komplexe Etwas drückt sich durch unseren Geist aus. Aber wir können es mit den alltäglichen Sinnen nicht berühren. Wir können es nur jenseits der Gedanken erahnen – in der Lücke zwischen unseren Gedanken, in dem Raum von Stille, wo wir zeitlos und raumlos werden. Tauchen wir ganz in diesen Raum ein, werden Wahrnehmender und Wahrgenommenes eins. Der Sufi-Dichter Rumi nennt dies „das eine Feld jenseits der Gedanken".

Manche Menschen gelangen durch Meditation dorthin. Andere wiederum können durch eine einfache Verschiebung der Aufmerksamkeit Einheit von Beobachter und Beobachtetem erfahren. Einige müssen in sehr intensive Energieerfahrungen treten wie verstärktes Atmen, Trance, Fasten, Aufenthalt im Dunklen, Tanzen und laute Musik, um danach in diesen Raum von Stille zu gelangen.

Eine weitere Methode ist, einen Gegenstand so zu betrachten, als sähen wir ihn zum ersten Mal. Wenn uns dies gelingt, können wir spüren, dass der Beobachter beobachtet wird, dass derjenige, der schaut, eigentlich der ist, der angeschaut wird, angeschaut wird von einer großen Güte, die in uns und um uns existiert.

Wenn es mir gelingt, in dieses Zeugenbewusstsein zu treten – in die Wahrnehmung dessen, dass ich derjenige bin, der schaut und von meinem Bewusstsein als Schauender angeschaut wird –, entsteht Freude, eine Freude, die mehr ist als Spaß, die sich als reine Glückseligkeit des „Ich Bin“ ausdrückt. Es ist Erfahrung von Gegenwärtigkeit, die gleichzeitig Erfahrung von Ewigkeit ist.

Wenn wir in das Bewusstsein treten, dass wir die Welt sehen und gleichzeitig die Welt sind, öffnen wir uns für das Feld. Dieses Feld ist reine Wirklichkeit und reine Potenzialität. Das Feld ist ein Kontinuum aller möglichen Energie- und Informationszustände, die sich als sogenannte wirkliche Raum-Zeit-Ereignisse manifestieren können.

Dieses Feld ist in der Lücke zwischen unseren Gedanken erfahrbar. Es liegt in dieser Lücke der Stille und ist gleichzeitig nicht lokalisierbar. Diese Stille ist unaussprechlich, erhaben und gewaltig. Sie ist das Nichts, aus dem alles entsteht. Sie ist der Kern unseres Wesens, die substanzlose Substanz, die ewiges Fließen und Sein zugleich ist.

Solche Erkenntnis verlangt eine vertiefte Wahrnehmungsfähigkeit, die durch eine Energetisierung, eine Anhebung der Schwingungsfrequenz des Wahrnehmenden erreicht wird. Insofern sind Ekstase, Meditation oder Hochenergie mögliche Bedingungen für differenzierte oder auch erweiterte Wahrnehmungsfähigkeit. Neben der Anhebung der Schwingungsfrequenz ist auch eine Absenkung, eine Erniedrigung der Schwingungsfrequenz denkbar und erfahrbar. Generell geht es um eine Veränderung der traditionellen Wahrnehmungskanäle.

Unser wohlvertrautes Radio-Empfangsgerät ist ein gutes Beispiel. Nur durch ein Feintuning des Empfängers in einem Radio können wir genau den Sender hören, den wir hören möchten. Nur durch ein Feintuning wird der Klang klar und genussvoll.

Es gibt eine Entsprechung in unserem Körper. Über die Anhebung von Empfänger-Energie durch Atmen, Trance, Tanz und Musik haben wir schon gesprochen. Newberg nennt eine weitere, sehr wirksame Haltung oder Bewegung im Körper: die sogenannten ostentativen Bewegungen.

Was ist das?

Wenn ich z.B. meine Hände am Handgelenk schüttle, nimmt mein Bewusstsein diese Bewegung als eine angenehme Entspannung wahr. Es ist angenehm, aber nichts Besonderes. Das wird nur registriert.

Wenn ich jedoch z.B. meine Hände und Arme weit dehnend ausstrecke, in einer Öffnung wie zum Gebet oder die Hände in der Meditation nach oben drehe und damit auf Empfang stelle, beachtet dies mein Körper: „Aha, es ist etwas Besonderes los. Da geschieht etwas Nicht-alltägliches."

Der Körper stellt sofort auf Empfang.

Achtung, es passiert etwas Besonderes!

Die ostentative Bewegung kann zwar spontan geschehen, ist aber eine Bewegung, die von meinem Bewusstsein irgendwie als Empfangs- oder Frage- oder Bitte-Haltung wahrgenommen wird. Es reagiert mit erhöhter Aufmerksamkeit, feine Schwingungen können aufgenommen werden, feine Signale und Botschaften können durchkommen.

Dies ist ein wunderbares Geschenk und kann bei der täglichen Meditation zur Freude nicht als wichtig genug angesehen werden.

Die moderne Psychologie wird lernen müssen, die höheren Bewusstseinsformen als selbstverständlich zu nehmen. Sie wird lernen müssen, dass der Mensch noch nicht „fertig“ ist und dass wir vor einem spannenden Abenteuer der Weiterentwicklung des menschlichen Bewusstseins und seiner Fähigkeiten stehen. Michael Murphy beschreibt in seinem Buch „Der Quantenmensch“ die enormen Fähigkeiten, die einzelne Menschen im Laufe der Geschichte entwickelt haben. Menschen, die über außergewöhnliche Fähigkeiten verfügen, scheinen immer mehr zu werden. Unsere Entwicklung scheint auf eine Komplexität hinzustreben, die noch für unsere Großeltern undenkbar schien.

32. Einige Geheimnisse der Quantenwelt

„Wer von der Quantentheorie nicht schockiert ist,
hat sie nicht verstanden!“
(Niels Bohr)

Menschliche Wesen und alle lebenden Geschöpfe sind energetische Einheiten in einem Feld aus Energie, verbunden mit allem und jedem auf dieser Welt. Wir Menschen sind nicht primär chemisch-materielle Reaktionssysteme, sondern energetische Feldphänomene.

Das pulsierende Energiefeld ist der zentrale Motor unseres Daseins und Bewusstseins. Dieses Feld wird heute das Nullpunkt-Feld genannt. Nullpunkt deshalb, weil in diesem Feld alle sogenannten Materieteilchen bis zum Vakuum entfernt sind. Es ist ein Ozean mikroskopischer Schwingungen im freien Raum zwischen den Dingen. Der Unterbau unseres Universums ist ein wogendes Meer von Energie – ein unendlich weites Quantenfeld.

Die Quantenmechanik hat gezeigt, dass es ein Vakuum nicht gibt: Was wir uns als vollständige Leere vorstellen, ist subatomar ausgedrückt ein Bienenstock voller Aktivität. Wie es auch Heisenberg in der Unschärferelation gezeigt hat, kommt kein Teilchen jemals vollständig zur Ruhe, sondern alle sind permanent in Bewegung.

Die Ursache dieser unberechenbaren Bewegungen sind die energetischen Fluktuationen des Vakuums, die ständig mit allen subatomaren Teilchen interagieren. Was wir für ein stabiles Universum halten, ist in Wirklichkeit ein schäumender Strudel subatomarer

Teilchen, die ständig wie Gischttropfen in die materielle Welt eintreten und wieder in das substanzlose Energiemeer des Raumes zwischen den Teilchen zurückfallen.

In diesem Prozess tauschen die Quantenpartikel gegenseitig hohe Formen von Energie aus. Daraus ergibt sich eine enorme Energiemenge, die sogenannte Nullpunkt-Energie, die selbst dann noch nachweisbar ist, wenn scheinbar alle Materie aus einem Feld herausgenommen ist und die Temperatur auf dem absoluten Nullpunkt, minus 273 Grad, liegt. Dennoch gibt es immer noch eine Restvibration, die durch den virtuellen Teilchen-Energieaustausch hervorgerufen wird.

Diese Energie wurde von den Physikern vernachlässigt, auch von Einstein, indem sie einfach bei ihren Gleichungen abgezogen wurde.

Auch sogenannte reale Partikel sind nichts weiter als kleine Energieknoten, die kurz auftauchen und wieder in dem darunter liegenden Feld verschwinden. Gemäß der Quantenfeldtheorie ist also die individuelle Einheit vorübergehend, ohne Substanz. Teilchen können nicht von dem leeren Raum, der sie umgibt, getrennt werden.

Einstein erkannte, dass Materie von extremer Intensität ist. Die darunter liegende einzig fundamentale Wirklichkeit ist *das Feld selbst*. Das Nullpunkt-Feld ist die Quelle aller Felder, aller grundlegenden Energiezustände und aller virtuellen Partikel – ein Feld der Felder.

Jeder Austausch eines jeden virtuellen Partikels strahlt Energie ab. So ergibt sich eine riesige, unerschöpfliche Energiequelle. Das alles befindet sich ganz unauffällig im Hintergrund des leeren Raums, der uns umgibt wie eine alles durchdringende, supra-geladene Kulisse.

Die Existenz des Nullpunkt-Feldes bedeutet also, dass alle Materie im Universum durch Wellen miteinander verbunden ist, die sich durch Zeit und Raum ausbreiten und ins Unendliche führen können, wobei sie jeden Teil des Universums mit jedem anderen verknüpfen. Diese Interferenzmuster verfügen über einen ständig wachsenden Informationsgehalt. Wellen haben eine nahezu unbegrenzte Speicherkapazität.

Es gibt Felder um lebende Organismen herum. Diese Felder, die alle miteinander verbunden sind, sind eine Art nicht-biochemisches Gedächtnis. Der Biophysiker Fritz Albert Popp schreibt: „Bewusstsein ist ein globales Phänomen, das sich überall im Körper abspielt und nicht nur in unserem Gehirn. Bewusstsein ist kohärentes Licht. Das Kurz- und Langzeitgedächtnis existiert überhaupt nicht in unserem Gehirn, sondern es ist im Nullpunkt-Feld gespeichert. Das Gehirn ist einfach der Mechanismus, mit dessen Hilfe wir Informationen aus dem letztendlichen Speichermedium, dem Nullpunkt-Feld, abrufen können."

Unser Gehirn ist also kein Speichermedium, sondern ein Empfangsorgan. Das Gehirn holt sich alte Informationen auf dieselbe Weise zurück, wie es neue Informationen verarbeitet: durch holografische Transformation von Wellen in Differenzmuster .

Alle höheren kognitiven Prozesse resultieren also aus einer Wechselwirkung mit dem Feld. Diese Interaktion kann eine Erklärung für Intuition oder Kreativität sein, auch dafür, wie uns Ideen durch plötzliche Einsichten kommen. Intuition kann also eine plötzlich auftretende Kohärenz im Nullpunkt-Feld sein.

Diese Aussagen widersprechen nicht den zum Beispiel von Eric Kandel und anderen gemachten Beobachtungen, dass bei Lernprozessen die Dendriten (= Hirnnerven) wachsen, sich ganz real sichtbar wie ein verzweigtes Astwerk durch die graue Masse des Gehirns fortbewegen, sich vernetzen und ein immer komplexer werdendes Netzwerk bilden. Dieses Wachsen und Vernetzen ist wunderbar zu sehen, Ehrfurcht kann den Betrachter erfassen. Dennoch beobachten wir damit kein Speichermedium, sondern **eine sich zunehmend ausdifferenzierende Antenne**.

In der alltäglichen Wahrnehmung verfügen unsere Dendriten-Netzwerke über eine eingeschränkte Kapazität (Informationsempfang beschränkt). Sie sind nur auf ein begrenztes Frequenzband eingestimmt. Aber jede Form von erweitertem Bewusstsein – Meditation, Entspannung, Träume, Trance, Tiefenatmung, Pilze und andere psychedelische Substanzen – lockert diese Begrenzungen. Durch diese Techniken erweitern sich unsere Bandbreiten. So kann unsere Empfangsstation in unserem Gehirn eine größere Zahl von Wellenlängen aus dem Nullpunkt-Feld empfangen.

Viele der größten kreativen Leistungen der Menschheit resultieren daraus, dass jemand plötzlich Zugang zu dieser aufgebauten Informationssammlung bekommen hat. Was wir genial nennen, ist vielleicht einfach eine größere Fähigkeit, sich in das Nullpunkt-Feld einzuklinken. Zahlreiche Nobelpreisträger und andere große Forscher erzählen von sich, dass sie ihre Erkenntnisse in außergewöhnlichen Bewusstseinszuständen gesehen, erfahren und erst anschließend systematisiert haben.

Newtons Vorstellungen von absoluter Zeit und absolutem Raum wurden von Einsteins relativer Raumzeit ersetzt. Wenn wir tiefer gehen auf eine fundamentalere Ebene der Existenz, erkennen wir, dass es weder Raum noch Zeit gibt, dass das Universum in einem weiten

„Hier" existiert, das alle Punkte des Raumes und der Zeit in einem einzigen Augenblick repräsentiert. Das heißt also, dass sämtliche Kommunikation im Universum über pulsierende Frequenzen stattfindet und dass das Nullpunkt-Feld die Basis dafür bildet, dass alles mit allem Informationen austauschen kann.

33. Kernwahrnehmung und Paradoxie der Großen Wirklichkeit

„Das Spannendste, das ein Mensch erforschen kann, ist das Geheimnisvolle.“
(Albert Einstein)

Eine Frage lockt uns weiter: Was ist die Wirklichkeit hinter dem Raum?

Letztendlich bleibt dies unaussprechlich, denn wir betreten den Raum der Paradoxie.

Bezogen auf diese sogenannte Realität da draußen stehen wir vor einem Paradox: Einerseits können wir sie so wahrnehmen wie der vorsokratische Philosoph Heraklit: Alles ist ein Fließen. Alles sind nur Wellen, Schwingungen, Vorübergehendes, hinter dem es kein letztes Sein gibt. Hinter jedem Dahinter gibt es ein erneutes Dahinter.

Demgegenüber können wir das Konzept des vorsokratischen Philosophen Parmenides vertreten, dass es eine letzte Substanz, nämlich das Sein gibt, einen letzten Existenzgrund, der allem zugrunde liegt. Dieses Sein ist der letzte Boden, der Kern, oder, wie A.H. Almaas, Begründer der Ridhwan-Schule, sagt, eine substanzlose Substanz, die eine seinsmäßige Wirklichkeit ist.

Wenn wir unser Bewusstsein sehr weit ausdehnen und auf eine Ebene gelangen, die wir Core-Bewusstsein nennen, erfahren wir beide Positionen in einem zugleich und erleben dies als ein tiefes Paradox.

Die Wirklichkeit ist wirklich, sie ist ein Sein und ist gleichzeitig ein unendliches Fließen ohne Anfang und Ende. Es ist wie ein Hinter-die-Konzepte-Treten, ein Freisein von Angst, ein Hineintreten in das Paradox von:

„Ich Bin" **und** „Ich Bin nicht".
Ich bin endlich **und** unendlich zugleich.
Es gibt mich **und** ich bin nur eine Ausstülpung im unendlichen Schwingungsfeld der Realität.
Ich bin so klein **und** ich bin wichtig.

Wenn wir beide Positionen gleichzeitig im Bewusstsein haben, können wir einen kleinen Schritt dem näher kommen, was man Wirklichkeit nennen könnte. In der modernen Physik wird das in der Unschärferelation von Heisenberg so beschrieben, dass wir entweder nur die Masse eines Teilchens bestimmen können oder dessen Ort. Wir können niemals beides gleichzeitig betrachten. Von der einen Seite her sehen wir den Teilchencharakter und von der anderen Seite her den Schwingungscharakter. Beides zusammen scheint eine Annäherung an die Wirklichkeit zu ermöglichen.

Etwas geheimnisvoll und doch uns im Tiefsten berührend, sagt es Laotse im Tao Te King:
„Wahre Worte sind wie umgekehrt."

„Das Schwache überwindet das Starke,
das Weiche überwindet das Harte.
Jedermann weiß es auf Erden,
aber niemand vermag danach zu handeln.
Daher:

Der Berufene sagt:
Wahre Worte sind wie umgekehrt.“

Dies führt uns zu einer Grundannahme der Freude-Psychologie, die in jedem Kontakt als Hintergrundschwingung der Demut und Mitmenschlichkeit mitschwingen kann: Ich weiß, dass ich nichts weiß. Dieses sokratische Grundwort hilft uns in die Demut. Wenn wir am Paradoxen angelangt sind, wissen wir, dass wir nicht weit von der Wahrheit entfernt sind.

Die Wahrnehmung unserer innersten Wirklichkeit, unseres Kerns, hat viel mit unserer emotionalen und mentalen Verfassung zu tun. Sind wir in einem positiven Energie- und Wahrnehmungszustand, fällt es uns leicht, die jeweilige Situation zu würdigen und in ein spontanes „Wie schön ist doch das Leben“, „Das ist wunderbar“ oder „Danke“ oder in einen anderen Kontakt mit unserer Existenz zu gelangen.

Sind wir hingegen in einer schwierigen emotionalen Situation, scheint diese Wahrnehmung zunächst nicht so leicht: Wir sind im Ärger, in der Trauer, im Widerstand oder im Trotz gegen das Leben oder die momentane Situation, die uns gerade beschenkt. Dies entfernt uns von unserem Kern.

Wenn wir mit der Großen Wirklichkeit in Berührung kommen, empfinden wir eine hinter und unter allem liegende Substanz, die alles zusammenhält und dennoch substanzlos ist: su*bstanzlose Substanz.* Wir sind in Kontakt mit einem tragenden Boden, der sich immer weiter in die Tiefe ausdehnt: *bodenloser Boden, der trägt*. Ein Sein, das uns erschauern lässt in der Feststellung: Es gibt mich. Es gibt etwas.

Dieses Etwas hat einen Kern, eine grundlegende Lebendigkeit, die sich in tausendfältigen Erscheinungen zeigt: Sie sind Ausdrucksformen des zugrunde liegenden lebendigen Einen. Dieser Kern ist nicht zu sehen etwa wie ein fester Kirschkern, sondern eher zu beschreiben als ein Energiefeld, das sich in ständiger Bewegung befindet, pulsiert wie unser Herz und Urgrund alles Seienden ist, die Große Wirklichkeit – sie ist wie strahlendes Licht.

Jede Zelle in unserem Körper und unser gesamter Körper strahlen von Licht. Unser innerstes Sein, unsere göttliche Natur, ist strahlende Energie, uraltes, neues, sich entwickelndes, wachsendes Bewusstsein, das lebt und eine große Kraft darstellt.

Dieses lebendige Eine hat – je nach Kultur – unterschiedliche Namen, beispielsweise Essenz, Buddha-Natur, Atman, Christusbewusstsein. Es ist überall direkt unter der Oberfläche spürbar und ahnbar. Das ist das Geheimnis, der namenlose Urgrund, den wir Core nennen.

Die Core-Erfahrung kommt ungeplant. Wir können zwar gute Bedingungen dafür schaffen, indem wir uns ausruhen, entspannen, wach sind, intensiv atmen, tanzen, musizieren, uns dehnen, lächeln, Liebe vom Herzen ausströmen und bereit sind für eine Begegnung mit dem Großen. Wir können diesen Zustand jedoch nicht „machen" im Sinne von herstellen. Wir können uns dafür öffnen, dass diese Dimension des Seins, die viel größer ist als wir, uns überwältigt und zum Staunen bringt.

34. Wir sind Schwingung und Substanz

„Wenn ein Engel uns über seine Weltsicht berichten sollte, würden viele seiner Aussagen klingen wie 2 x 2 = 13.“
(Georg Christoph Lichtenberg)

Wir sind ein substanzloses Schwingungsphänomen und wir sind Substanz. Dies ist kein Widerspruch, sondern ein Koan, eine Paradoxie. Das stellt eine geheimnisvolle Spür- und Fühlaufgabe dar: Wir sind ein Schwingungsphänomen aus reinem Licht und wir sind Substanz.

Unsere Existenz ist unhinterfragbar. Es gibt uns. Was davon überdauernd ist, wissen wir nicht. Jedenfalls nicht unser Körper. Vielleicht bleibt das, was wir unsere Seele oder unser Schwingungsfeld nennen, als Information unseres Wesens und dessen, was wir gelernt haben. Jedenfalls scheint es so, dass die Menschen der Gegenwart viele Informationen vergangener Generationen in sich tragen, ohne das selbst gelernt zu haben. Besonders deutlich wird dies bei einem sechsjährigen Wunderkind, das ein zweistündiges Violinkonzert auf seelenvolle und ergreifende Weise spielt. Es ist einfach so, dass ein Mensch mit sechs Jahren das noch nicht in einem systematischen Lernprozess erworben haben kann, **noch nicht können kann**, und das Kind kann es trotzdem. Woher haben seine Seele, sein Wesen und Sein dieses Vermögen, diese Tiefe, dieses Bewusstsein?

Das Gleichnis von der Raupe und dem Schmetterling kann hilfreich sein. Die Raupe stirbt – scheinbar. Der Schmetterling fliegt nach seiner Metamorphose freudig davon. Wir brauchen nicht von einer Reinkarnation oder Ähnlichem ausgehen, um das Substanzielle in unserem Wesen anzunehmen. Vielleicht werden unsere seelischen Energien nach dem körperlichen Tod für andere Menschen oder Wesen genutzt. Wir sind Informationsfelder, die weiterbestehen. Das Ich löst sich auf, unsere Biografie verfliegt, doch die Information, unser Wachstum geht über in den großen Informationspool der „Intelligenten Evolution“ (Bruno Martin).

Nichts geht verloren. Es wandelt sich, unsere Ewigkeit und dieses schwingende Lichtfünkchen, das nach hinten und nach vorn hinaus ewig ist. Wir sind zugleich kein beliebiges, vorübergehendes Schwingungsmuster im Universum, sondern sind eine höchst individuelle Substanz.

Hier kann uns das Geheimnis der individuellen Fingerabdrücke helfen. Warum macht sich die Natur eine so unvorstellbar große Mühe, um unter Milliarden Menschen nicht einen einzigen gleichen Fingerabdruck zu schaffen?

Warum erkennen wir einen Menschen in einem Augenblick als den, der er oder sie ist? Das Geheimnis der Individualität ist groß. Wir sind Schwingung, Pulsation des Lebens **und** ein Jemand.

Das herauszufinden, ist das große Geheimnis, die große Aufgabe:

Wer ist diese Substanz?
Wer sind wir?
Wer sind Sie?
Wer bist du?

35. Gefahren im Inneren des Vulkans

„Nach innen geht der geheimnisvolle Weg.
In uns, oder nirgends ist die Ewigkeit mit ihren Welten,
die Vergangenheit und Zukunft.“
(Novalis)

Wenn wir uns mit dem Phänomen des sich ausdehnenden Bewusstseins beschäftigen, kommen wir in Berührung mit Seinszuständen, die jenseits unserer Alltagswahrnehmung liegen. Wir begeben uns sozusagen in einen erweiterten Wirklichkeitsraum. Der Physiker Hans-Peter Dürr schildert es treffend: „Fast alle Wissenschaftler haben das Wesentliche nicht verstanden, dass es nämlich nicht um die Erfahrung einer anderen Wirklichkeit geht, sondern um die Erfahrung in den anderen Teilen dieser einen Wirklichkeit, dessen Erleben die Bedingung der Selbsterkenntnis ist. Das heißt, wir haben nur eine Wirklichkeit, und wenn wir über außersinnliche Wahrnehmung sprechen, dann ist da immer gemeint ‚Teil dieser einen Wirklichkeit‘. Wir wollen das nicht aufspalten, dies ist das Sichtbare und das ist das Unsichtbare, und das sind zwei verschiedene Dimensionen, nein, es ist ineinander verwoben in einer höchst intimen Weise.“

Die Frage stellt sich: Brauchen wir eine Didaktik, um in diese andere Wirklichkeit – fernab unseres Normalbewusstseins – zu treten? Benötigen wir Landkarten?

Für Menschen, die unter westlichen Bedingungen aufgewachsen sind, gibt es ganz bestimmte Lernnotwendigkeiten, Schritte, um gefahrlos in diese anderen Bewusstseinsräume eintreten zu können. Wenn wir mit erweiterten Wirklichkeiten in Kontakt kommen, erleben wir enorme Energien und wir kommen mit intensiven geistigen Prozessen in Kontakt. Man kann sich dem nicht einfach nur aussetzen und blind reinspringen. Wir müssen zuerst üben und unseren Organismus vorbereiten, diese hochfrequenten Energien zu halten.

Wie kann der Körper diese neuen Energien und Erfahrungen überhaupt verkraften? Schließlich ist der Körper immer Kanal und Gefäß, der das halten muss, was wir in den Dimensionen der nichtsichtbaren, der großen Wirklichkeit erleben. Diese „Haltefähigkeit" ist eine der Grundlagen und Voraussetzungen erhöhter Wahrnehmungsfähigkeit. Wir brauchen Sinnerfassungskapazität, das heißt, der Geist, die Gefühle, das Mentale müssen langsam vorbereitet werden, um diese Informationen verarbeiten, um sich in diesen Räumen bewegen zu können.

In traditionellen Kulturen, etwa in Brasilien, Nepal oder Südafrika, überall dort, wo spirituelle Traditionen zum Alltag gehören, werden erweiterte Bewusstseinserfahrungen von der Gemeinschaft aufgefangen. Kinder in Brasilien sind von klein auf mit Rhythmen in Kontakt, die sie in bestimmte innere Räume bringen. Bereits in jungen Jahren erfahren sie trance-ähnliche, erweiterte Bewusstseinszustände.

Aber in solch einer Gesellschaft leben wir nicht. Wir in Westeuropa haben keinen sozialen Kontext, der diese höchst intensiven Prozesse versteht oder zumindest besprechbar macht. Wir leben in einer Kultur, in der Bewusstseinserweiterung außergewöhnlich erscheint. Wenn wir so etwas vollbewusst und sicher erfahren wollen, müssen wir uns darauf vorbereiten.

Wir können kleine Subkulturen bilden, in denen es überhaupt erst möglich ist, über solche Dinge zu kommunizieren. Psychologische Schulen, die in diese Räume eintauchen, beispielsweise die Transpersonale Psychologie, sind begrüßenswert.

Es ist mir wichtig, dass im Vorweg die Frage geklärt wird: Ist jemand vorbereitet auf das, was ihn in der „anderen" Wirklichkeit erwartet? Es kann sein, dass das große Angebot im „anderen" Raum an Reiz und Intensität von jemandem nicht verarbeitet werden kann, dass es als Informationsüberflutung erlebt wird. Oder es macht sich Ablenkung breit: Die Person driftet gedanklich weg, kann sich nicht konzentrieren. Kurzum: Es bedarf einer guten Vorbereitung, um in diese Bewusstseinsräume einzutreten.

Manche Menschen sagen, diese Räume seien zu groß für sie, um sie zu fassen. Es ist so, dass einige Menschen das körperlich-bewusstseinsmäßige Gefäß nicht derart entwickeln konnten, um die starken Energien der Erfahrung der Großen Wirklichkeit oder Seele halten oder aushalten zu können. Die Erfahrung in tausenden Reisebegleitungen zeigt uns jedoch als eine gewisse mutmachende Hoffnung, dass die meisten Menschen allerdings nur so viel des Unfassbaren gezeigt bekommen, wie sie fassen können. Jeder bekommt meist nur nach seiner jeweiligen Entwicklungsstufe das gezeigt, was er verkraften kann. Dennoch kann es manchmal eine Überforderung für Einzelne sein. Hilfreich ist der versöhnliche Satz: Es ist immer noch viel größer ...

Es ist größer als meine Gedanken, es ist größer als meine Gefühle und Bilder (vor allem das!!), es ist größer als alle meine Vorstellungen und bisherigen Konzepte. Es ist größer als mein Ego, ja, es wird mein Ego aufschmelzen, auflösen und dahinter die Lebendigkeit meiner Seele zum Vorschein bringen.

Es ist immer viel größer ...

Seinserfahrung kann uns „umwerfen". Sie kann dramatisch donnernd sein. Spektakulär tun sich die Himmel auf gleich einem brausenden Big Bang.

Oder sie kann schlicht und still sein. Für viele Menschen kann der Zugang zum Sein sehr still sein: das Surren einer Libelle an einem Teichesrand, zwischen den Schilfrohren; das leichte Kräuseln des Wassers auf dem See; ein leichter Windhauch; das Singen eines Vogels; der Klang einer Flöte. Es ist ein entspanntes Empfangen dieser Seinsgeschenke – und schon sind wir in Kontakt mit dem Geheimnis.

Roberto Assagioli, der Begründer der Psychosynthese, charakterisierte diesen Seinsraum folgendermaßen:

- Alles durchstrahlendes feines oder starkes Licht.
- Ruhen in vollständigem Frieden.
- Wahrnehmen von Schönheit und Harmonie.
- Empfinden von Freude und Seligkeit.
- Spüren der Kraft des Geistes.
- Sich-Verbinden mit Größe, Weite, Universalität und Ewigkeit.

Im Seinsraum erfährt man sich zuhause angekommen. Anzukommen ist eine große Sehnsucht des Menschen, die nicht mit einem bestimmten Ort verbunden ist, sondern sich wie ein ewiges Zuhause anfühlt, für das es nur ein Staunen gibt. Mit diesem einen Urgrund in Kontakt zu kommen oder gar mit ihm zu verschmelzen, ist ein Sinn unseres Lebens und ist höchste Erfüllung zugleich.

36. Wir sind die Quelle und sie ist größer als wir

„Musst Du Dir wirklich über die Erleuchtung Sorgen machen?
Auf welchem Pfad Du auch gehst, Du gehst nach Hause.“
(unbekannt)

Wir sind die Quelle ***und*** sie ist größer als wir. Das ist eine wunderbare Polarität und ein fantastisches Paradoxon. Wir sind diese Quelle des Lichts, der Liebe, der Energie, der Größe, und die Quelle ist größer als wir.

Wenn wir hinter unsere Gefühle, unseren Verstand und Willen treten, kommen wir mit einer Energie in Berührung, die grundlegend ist. Sie existiert hinter allen Erscheinungen: eine unsichtbare, doch fühlbare Substanz, das Core. Hinter allen Phänomenen in der Stille ist das lebendige Netz, das kosmische göttliche Licht. Hinter allen Erscheinungen existiert das göttliche Licht.

Die Geschichte von den Zwillingen im Mutterbauch kann eine Ahnung davon vermitteln.

Das Gespräch der ungeborenen Zwillinge

Ein ungeborenes Zwillingspärchen unterhält sich im Bauch der Mutter. „Sag mal, glaubst du eigentlich an ein Leben nach der Geburt?“, fragt der eine Zwilling.

„Ja, auf jeden Fall! Hier drinnen wachsen wir und werden vorbereitet für das, was draußen kommen wird“, antwortet der andere Zwilling.

„Ich glaube, das ist Blödsinn!“, sagt der erste. „Es kann kein Leben nach der Geburt geben – wie sollte das denn bitteschön aussehen?“

„So ganz genau weiß ich das auch nicht, aber es wird sicher viel heller als hier sein. Vielleicht werden wir herumlaufen und mit dem Mund essen?“

„So einen Unsinn habe ich ja noch nie gehört! Mit dem Mund essen, was für eine verrückte Idee. Es gibt doch die Nabelschnur, die uns ernährt. Und wie willst du herumlaufen? Dafür ist die Nabelschnur zu kurz.“

„Doch, es geht bestimmt. Es wird eben alles nur ein bisschen anders.“

„Du spinnst! Es ist noch nie einer zurückgekommen nach der Geburt. Mit der Geburt ist das Leben zu Ende. Punktum.“

„Ich gebe ja zu, dass keiner weiß, wie das Leben nach der Geburt aussehen wird, aber ich weiß, dass wir dann unsere Mutter sehen werden, und sie wird für uns sorgen.“

„Mutter? Du glaubst doch wohl nicht an eine Mutter? Wo ist sie denn bitte?“

„Na hier – überall um uns herum. Wir sind und leben in ihr und durch sie.
Ohne sie könnten wir gar nicht sein!“

„Quatsch! Von einer Mutter habe ich noch nie etwas bemerkt, also gibt es sie auch nicht.“

„Doch, manchmal, wenn wir ganz still sind, kannst du sie singen hören oder spüren, wenn sie unsere Welt streichelt.“

(Henri J. M. Nouwen)

Im Alltag kann ich es an jedem Ort erfahren. Während ich mich beispielsweise durch den Raum bewege, mache ich mir bewusst, dass wir keine Dinge sehen, sondern Wellen von Licht.

Die Sonne ist keine Scheibe da draußen, sondern sie ist alles, was wir sehen, sagt der Sufi-Meister Pir Vilayat Inayat Khan. Wir sind inmitten der Sonne. Die Sonne strahlt nicht nur, sondern durch uns, die wir Sonne sind, nimmt sie sich wahr. Goethe fragt, wenn die Augen nicht aus Licht wären, wie könnten sie Licht wahrnehmen?

Während wir uns bewegen, spüren wir uns, fühlen und nehmen den Raum zwischen den Formen der Gegenstände wahr.

Wir schauen nicht auf die Gegenstände, sondern auf den Raum dazwischen. Wir nehmen ihn als leuchtend, als nicht leer wahr. Alles, was wir sind, entsteht aus dem Schmelztiegel der Sterne. Unsere Gedanken beeinflussen das wachsende Bewusstsein des Sonnensystems. Das Strahlen unseres Körpers, unserer Augen erreicht die Sonne in acht Minuten und ist ins gesamte Gewebe des Universums eingebunden.

Hilfreich für die Erfahrung, dass der Raum angefüllt ist und strömt, ist die Reflexion auf die großen drei entwicklungspsychologischen Phasen:

Das erste Stadium, die präpersonale Phase, ähnelt dem Bewusstsein, wie es im Urmeer vorhanden ist. Die Person ist noch nicht entwickelt, es scheint noch kein Ich zu geben, alles ist Fließen, Wohlgefühl oder ganzheitliche Wahrnehmung des Eins-Seins, ohne dass schon eine Differenzierung der Persönlichkeit stattgefunden hat. Dieser Bewusstseinszustand kann sich unterteilen in zwei Empfindungsformen:

a) Ich schwimme unbewusst und selig im großen Meer des Mutterbauches. Ich habe keine Verantwortung, ich lasse mich treiben, alles ist gut so. Ich bin einverstanden.

b) Oder: Ich bin das Opfer, ich werde beeinflusst, da gibt es ein mehr oder weniger feindliches Außen. Die Außenwelt, die Umstände, die Eltern, die Gesellschaft prägen mich: Ich werde gelebt, ich bin Opfer. Ich muss, obwohl ich mich so hilflos fühle, mich schützen und reagieren. Das kann ich aber kaum.

Es kann ein langer Weg sein, auch für Erwachsene, sich von diesem kindlichen Entwicklungszustand zu einer selbständigen, abgegrenzten und selbstbewussten Person hin zu entwickeln. Wille, Ziele und Individuation („Ich bin anders als du und ich darf anders sein als du“) brauchen teilweise Jahre der Entwicklung, sei es beim Kind oder in der therapeutischen Begleitung. Die Individuation geht meist über die Überwindung von Schuldgefühlen und das Erlernen von Grenzen zu der schwierigen, aber essentiellen eigenen Aufrichtung. Sie geht weiter zum Stehen auf dem Boden und zum Verwurzeltsein in der Erde.

Wenn wir uns vom symbiotischen Zustand im Urmeer und vom abhängigen Opferstatus gelöst und ein stabiles Ich entwickelt haben, sagen wir in der zweiten Phase selbstbewusst:

„*Ich* gehe durchs Leben“ – die Frank-Sinatra-Phase: *My way*.

Hier stehen beim erwachsenen Menschen zunächst das Ich im Vordergrund und alle wichtigen Funktionen des Ichs. Erfolg, Selbstbestätigung, berufliche Standfestigkeit, Beziehungen zu anderen Menschen, Anerkennen der eigenen Geschlechtlichkeit, der Wille zur Lust und zur Macht, das eigene Lied, eigene Spuren für die Ewigkeit hinterlassen, meine Kinder, mein Werk. Es ist ein stolzes Gefühl, sagen zu können: **Ich** gehe durchs Leben, **ich** bestimme meinen Weg, es ist **mein** Weg, ich bin der Mittelpunkt der Welt und alles dreht sich mehr oder weniger um mich.

Mein Wille ist stark und das Entscheidungsprinzip meines Lebens.

Mein Wille geschehe!

Dies kann und wird einen Großteil des Lebens einnehmen. Es ist wichtig zur Entwicklung dessen, was wir die Person nennen. Deswegen bezeichnen wir es als **personale Phase**. Wir können, wir dürfen sie nicht überspringen.

Erst im weiteren Wachstum, ausgelöst durch mannigfache Erfahrungen, wie die Welt wirklich ist, kann es sein, dass wir das Ego als Illusion erkennen, dass wir mehr mit dem großen Leben als mit unserem kleinen Ich verbunden sind. Dann spüren wir, wie wir getragen sind, angeschlossen an die große Steckdose, und können im dritten Entwicklungsstadium, der **transpersonalen Phase**, erkennen:

***Das Leben* geht durch mich.**

Wenn wir uns weit machen, können wir spüren, wie das Leben durch uns hindurchfließt, wie es uns regelrecht durchströmt, wie wir seine energetisierenden Schwingungen aufnehmen können.

Das Leben ist größer als ich, es durchströmt mich, ich lebe durch die Kraft des Lebens und es ist meine Grundlage. Ich schöpfe aus ihm und ich weiß nicht genau, wo ich anfange und wo ich aufhöre. Ich gebe ganz bewusst meine Grenzen auf, ich öffne mich für die viel größere Weisheit und Liebe um mich und ich gebe mich hin: **Dein Wille geschehe.** (Wobei es erst einmal egal ist, ob ich das Du als allgemeines Lebensprinzip oder als einen persönlichen Gott erlebe, siehe Kap. 39.)

Das Leben in seiner großen Weisheit weiß es besser als mein kleiner Wille, und ich kann mich ein Stück weit in meiner Intuition dafür öffnen. Das Leben führt mich. Ich lasse mich führen, nehme Signale auf und folge.

Dazu bedarf es einer stabilen Ich-Entwicklung. Fehlt diese, kann es zu dramatischen Situationen kommen. Das Leben, das durch mich hindurchgeht, wird dann nicht als eine kraftvolle, liebende Quelle empfunden, sondern als Dämonen oder andere Gefährdungen, die etwas Ungutes mit mir machen wollen.

Bei stabiler Ich-Entwicklung können wir jedoch die grundsätzliche Gutheit des Lebens, der Strömungen des Quellflusses erleben.

Wir können zwischen beiden Erfahrungen pulsieren: „Ich gehe durchs Leben und das Leben geht durch mich.“ Ja, wir können sogar durch alle drei Zustände wechseln und vom präpersonalen Urmeer weiterwachsen, indem wir uns vom Schwimmen in der Soße immer wieder aufrichten in die Personale Identität und dann weitergehen in die transpersonale Bewusstseinsebene des: „Ich bin mehr, als ich denke, ich bin mehr, als ich glaube, ich bin verbunden mit dem Ganzen."

So können wir oftmals und immer wieder diese drei nährenden Zustände durchwandern. Je häufiger wir das tun, umso stabiler wird der transpersonale Zeuge, der den gesamten Prozess im Auge hat und liebevoll auf unsere Entwicklung schaut und Krisen, Scheitern, Irrwege und scheinbare Umwege freundlich und gütig achtet und schätzt.

Beim großen Übergang, dem Sterben, können wir dann sagen: „Ich komme aus der Suppe und bin aufgestanden. Ich bin durchs Leben gegangen und das Leben ist durch mich gegangen."

Während wir spüren, dass dieser Fluss durch uns hindurchfließt, können wir lebendiges Bewusstsein in jede kleine Bewegung, in jeden Atemzug eindringen lassen. Wir lassen das Leben durch uns tanzen.

37. Wir sind wie Lotusblüten

Wir sind wie Lotusblüten auf dem See.
Auf der Oberfläche haben wir verschiedene Blüten
und es sieht so aus, als ob wir getrennte Wesen seien.
Wenn wir jedoch unseren Wurzeln tiefer in den Grund des Sees,
tiefer in den Grund des Seins, der Existenz folgen,
spüren wir, dass wir gemeinsame Wurzeln haben,
dass wir alle im gleichen Urgrund des Lebens wurzeln, im Sein.
Wir mögen unterschiedliche Blüten und Früchte haben,
doch in der Tiefe sind wir alle eins.
We are one, we are all one.

Jeder Augenblick ist ein Experiment mit unserer Bewusstheit. Jeder Moment ist unendlich wertvoll. Wir können einmal ein Oszillieren zwischen Wachheit und Verbundensein und dann wieder ein Herausfallen aus dem Verbundensein erleben.

Zuerst sind wir total präsent, dann verstricken wir uns in Gedanken und Zweifel und danach gehen wir wieder zurück in die Wachheit, in die Präsenz. Jeder Moment gibt uns die Möglichkeit, uns in dieses Einssein zu dehnen: Da sprudelt die Quelle, da ist das mit Lebendigkeit angefüllte Nichts. Vielleicht spüren wir, wie sich das Gehirn entspannt, die Schultern weich werden und sich ein Lächeln über den Körper ausbreitet.

Vielleicht bekommen Sie eine Ahnung, dass Ihre Quelle verbunden ist mit einer größeren Quelle, dass diese Quelle gespeist wird aus einer noch größeren Quelle, und dass diese große Quelle und Sie eins sind ....

In den folgenden Beschreibungen dieser Quelle durch Reisende wird deutlich, dass die Quelle oder das Core unendlich viele Gesichter hat. Sie offenbart sich jedem auf eine neue Weise, in ständig sich wechselnden Bildern, Klängen und Gefühlen.

„Dieses innere Glücksgefühl wurde mir heute geschenkt. Ich habe Glück erfahren und mein Herz geöffnet. Ich brauchte mich in keiner Weise mehr schuldig zu fühlen für meine Kraft, mein Mitgefühl und dafür, wie reich ich beschenkt bin vom Leben. Dieser Weg nach innen war eine Spirale und ein einziges Lobpreisen. Die Töne und Klänge, die ich hörte, wurden mir zugeatmet. Ich habe sie gespürt und wahrgenommen, wie meine Hände, mein ganzer Körper gefüllt wurde von Licht und Sein."

„Ich habe die Welt als Energiefelder gesehen, die miteinander in Verbindung stehen. Ich habe sinnlich erlebt, dass wir leuchtende Energie-Eier sind. Unsere Natur ist es, zu leuchten."

„Der Vulkan hat sich geöffnet, ohne zu explodieren. Es war einfach rot glühendes, gelb-oranges Lavafeuer. Es war ein Vorgang, den ich als Ganzheit erlebt habe. Ich fühlte mich eingebettet in etwas noch Größeres. In der Auflösung spürte ich, dass ich eine Brücke von dem Geistigen zum Materiellen bin. Außerhalb und in mir existiert ein Raum von Vollkommenheit – er ist komplett, ich bin komplett."

„Ich entspannte mich in ein riesiges Hologramm der Wahrnehmung. Es war ein gewaltiges, beglückendes Gefühl. Ich war ganz im Innersten – wie in einer Metamorphose. Ich möchte wieder hin und diese Wahrnehmung verfeinern."

„Es war eine riesige, weite Ebene des Lichts – wie ein Raum des Göttlichen. Ich spürte absolutes Vertrauen: Da ist das Licht. Jede einzelne Zelle hat vibriert im Kaleidoskop."

„Ich erlebte mein Innerstes wie einen Kern in einer Auster. Da drin ist etwas sehr Wertvolles, ein wunderschöner, großer Edelstein. Er wird von einem Wächter bewacht. Ich durfte den Edelstein kurz anschauen und weiß, dass ich wiederkommen werde."

„Ich ging tiefer und tiefer bis zu dem Punkt, wo der Ton, der mich führte, nicht mehr zu hören war – und ich wusste, ich bin an der Quelle. Es war eine sagenhafte Energie von Strom und Feuer. Alles blieb in diesem Moment stehen. Alles war miteinander verbunden. Es steht und es fließt. Ich spürte die Paradoxie und eine einzigartige Präsenz."

„Das Nichts ist wie ein riesiges Meer und ich strömte."

Diese Bewusstseinsschübe und -sprünge werden schon 1901 von William Atkinson vermutet, beschrieben und angekündigt:

„Ich glaube, dass der Mensch schnell zu einer neuen Bewusstseinsebene emporsteigt, auf der er sich selbst findet – das Geheimnis des ICH BIN lernt – das innere Etwas: Ich glaube an die grenzenlose Kraft in allen Dingen und um sie herum. Ich glaube, dass wir, ohne auch die geringste Ahnung von dieser Kraft zu haben, dennoch stetig wachsen, um sie besser zu verstehen,– ihr enger verbunden sind. Selbst heute erhaschen wir einen flüchtigen Blick ihrer Existenz – ein vorübergehendes Bewusstsein des Einsseins mit dem Absoluten" (zitiert nach Newberg, S. 163).

38. Wir sind SchöpferInnen und da gibt es Hilfe

Es ist absolut möglich,
dass jenseits der Wahrnehmung unserer Sinne
ungeahnte Welten verborgen sind.
(Albert Einstein)

Wir sind die Schöpferinnen und Schöpfer unseres Lebens. Wir können diese Ungeheuerlichkeit ablehnen und in Widerstand gehen. Wir können es aber auch erfahren, Schöpferin, Schöpfer des eigenen Lebens zu sein. Denn wir sind Aspekte der großen schöpferischen Kraft – jedoch nicht allmächtig. Die Vorstellung von einem allmächtigen Wesen ist in sich unlogisch und kindlich – sie ist eine kindliche Vorstellung davon, dass es so etwas gibt wie einen allmächtigen Gott-Vater im Himmel (vgl. Abschied vom allmächtigen Gott, Schiwy 2002; vgl. auch Schleske).

Wir als Menschen sind nicht allmächtig, wir haben Begrenzungen – und gleichzeitig sind wir dem Schöpferprinzip verwandt. Wir sind nicht allmächtig und wir sind Schöpfer, ein wunderbares Paradox.

Damit hängt das nächste Paradoxon zusammen: Wir können gestalten und wir brauchen Hilfe. Wir können und brauchen es nicht allein zu machen. Wir können mit der Kraftquelle Kontakt aufnehmen über das Bitten. In Würde zu bitten, ist eine Kunst. Wir aktivieren damit unsere Sehnsucht nach dem einen Ganzen. Wir können unser Verlangen nach dem Einheitsempfinden, nach dem Schmelzen kultivieren. Wir können es beatmen, schmecken, spüren. Es ist gut, das Feuer nicht zu löschen und mit dem Feuer der Sehnsucht unseren Pfad zu erleuchten. Es ist gut, beim Bitten in die innere Haltung von Würde zu gehen:

„Ich bin groß, würdevoll und kraftvoll genug, um um Hilfe zu bitten."

Wir sind nicht allein in diesem Kosmos: Hilfe und Liebe ist überall.

Direkt neben Ihnen, um Sie herum gibt es Unterstützung. Immer! Kinder wissen das noch, weil ihre Seele diese Verbindung hat. Irgendwann haben wir lernen müssen, dass wir allein sind im Kosmos. Das ist eine Illusion. Wir brauchen es zum Glück nicht allein zu machen. Da sind Helfer, da sind Freunde, da sind Liebende, da sind höhere Kräfte, die uns unterstützen, da sind Kollegen, Freunde, da ist so viel Hilfe um uns herum. Da sind Leute, die zuhören wollen, Leute, die Spiegel sind, menschliche Wesen, geistige Kraftwesen, die uns unterstützen, die Herztür zu öffnen.

Es ist ein Akt von Demut und Würde, um Hilfe zu bitten. Ich bin so stark, dass ich um Hilfe bitten und sie annehmen kann.

Hilfe annehmen heißt auch, auf die Hilfe zu vertrauen. Es ist eine wichtiger Aspekt von Veränderung, dass ich auf eine für mich positive Entwicklung vertraue.

„Tatsächlich ist das Hegen von Fantasien der erste Schritt des neuronalen Prozesses zum Erfolg in dieser Welt" (Newberg, S. 227). Das Gehirn verfügt über eine Fähigkeit, sich alles ausdenken zu können. Es kann Hoffnung, Optimismus und Zuversicht gestalten, und den Glauben, dass eine positive Zukunft vor uns liegt.

Wenn wir also Hilfe einladen, wenn wir zur Therapie gehen oder andere Veränderungen einleiten, glauben wir an die Wirksamkeit unseres Tuns. Dies ist sogar ein wesentlicher Teil des ganzen Prozesses, der ihm Kraft, Energie, Ausrichtung und schließlich Wirkung verleiht.

„Sie können es nicht im Alleingang schaffen ... Das wahre Wunder geschieht erst, wenn andere Menschen Ihren Optimismus und Ihre Begeisterung für ein Projekt *spüren und sehen*, denn es lässt ähnliche Neuralkreise in ihren Gehirnen mit den Ihren mitschwingen" (Newberg, S. 229).

Sie sind stark genug, um um Hilfe zu bitten.

Das verändert alles.

39. Es macht einen Unterschied, ob wir das Namenlose als ein Etwas, ein Du oder ein Ich erleben

Einmal brachte eine Mutter ihren kleinen Sohn zum Rabbi.
Da fragte der Rabbi den Jungen:
„Ich gebe dir einen Gulden, wenn du mir sagst, wo Gott wohnt."
Aber der Bub war weiser: „Und ich gebe dir zwei Gulden,
wenn du mir sagst, wo er nicht wohnt."
(Martin Buber)

Es macht in mir, in meiner Sicht der Welt und meinem Empfinden hin zur Welt einen großen, eigentlich alles entscheidenden Unterschied,

- ob ich das Namenlose Große oder Core als ein unpersönliches Schwingungsphänomen, als ein allgemeines Lebensprinzip, als ein Es, ein physikalisches Etwas, das da draußen unabhängig von mir schwingt, annehme,
- oder ob ich es als ein auf mich bezogenes Gegenüber, ein Du, eine zweite Person sehe
- oder als einen Aspekt des umfassenden göttlichen Ichs empfinde und anerkenne.

Mit anderen Worten, es macht einen Unterschied in meiner Wahrnehmung von Wirklichkeit, ob ich das große kosmische Geschehen als ein interessantes physikalisches **Schwingungsphänomen** wahrnehme, als ein spannendes Feld, das nach bestimmten physikalischen Gesetzen wabert und wabbelt, oder ob ich mich auf das Große als ein **Du** beziehe oder als ein **Ich, das Ich bin**, erlebe.

Was bedeutet das? Ich möchte diese drei Möglichkeiten genauer beschreiben.

Das Universum als ein unpersönliches Es, als ein Etwas, ein physikalisches Phänomen zu erleben, ist eine mögliche Sicht- und Erlebensweise. Das Universum, oder wie immer wir es nennen, scheint dann als ein Etwas, das außerhalb von mir existiert. Es kann als physikalisches oder naturwissenschaftlich beschreibbares Phänomen aufgefasst werden und als ein Schwingungsphänomen, dessen Gesetze und Geheimnisse ich erforschen oder nicht entbergen kann – ein Etwas, ein Es. Es kann als ein Objekt aufgefasst werden, etwas, zu dem ich als Beobachter eine distanzierte Position einnehmen kann. Es ist dort und ich bin hier. Es wird von den geheimnisvollen, aber doch irgendwann entschlüsselbaren Gesetzen der Physik bestimmt. Es ist interessant, vielleicht überwältigend, aber unpersönlich.

Wenn mich dieses Etwas jedoch auf der personalen Ebene anspricht, mich berührt oder erschaudern lässt ob seiner Größe, seiner Güte und seiner Geheimnisse, kann ich aus der objektiven Position in eine personale Position gelangen und es als ein Du, als ein Gegenüber begreifen, erfühlen und erleben, mit dem ich vielleicht sogar so etwas wie sprechen kann, das mich hört und dessen Botschaften ich vernehmen kann. Es kann ein Dialog entstehen.

Was heißt das, mit dem Universum einen personalen Dialog zu führen? Das Namenlose wird im Du als eine lebendige Intelligenz, ein lebendiges Wesen erlebt, mit dem ich in Kontakt treten kann. Es ist sicher nicht ein Du im menschlichen Sinne, sondern viel größer und geheimnisvoller. Es ist wie in der Liebe ein ergriffenes Kontaktnehmen mit einem Du, das ich letztendlich nicht enträtseln kann.

Die Erfahrung einer Qualität von Ich-Du-Beziehung kann uns in die intuitive Gewissheit und das Überwältigtsein davon führen, dass wir in einem unvorstellbar großen Bewusstseinsfeld einer größeren Wesenheit leben.

George Harrison besingt das große Eine
wie eine Geliebte:

It took a long, long time
Now I'm so happy I found you
How I love you

Now I can see you, be you
How can I ever misplace you
How I want you
Oh, I love you
You know, that I need you
Oh, I love you

Auch Rumi erlebt das Göttliche Du
als den großen Geliebten, als ein Du:

Der Geliebte ist alles.
Der Liebende ist ein Gefäß.
Der Geliebte lebt.

Nichts kann über die wahre Essenz der Realität gesagt werden. Jedoch kann uns das Namenlose in den Qualitäten der zweiten Person, im und als Du mit der ungeheuren Wirklichkeit seiner Existenz ergreifen, erschüttern und erheben. Hingabe führt uns in dieses Erleben.

Zuerst ist da eine beinahe unerträgliche Helle, ein Glanz und eine Dichte. Jenseits dieses funkelnden Nebelschleiers ist die Evidenz des großen Du spürbar, eine Evidenz, die Gegenwart, die Du und Gegenüber ist, dessen Größe ich erfahren kann. Eine aktive, alles durchdringende Milde, die fähig ist, den härtesten Stein zu zerbrechen, zu öffnen, zu schmelzen – auch das menschliche Herz.

Viktor Frankl schreibt schon als Fünfzehnjähriger: „Gott ist der Partner unserer intimsten Selbstgespräche." Und später sagt er: „Wann immer wir ganz allein sind mit uns selbst, wann immer wir in letzter Einsamkeit und in letzter Ehrlichkeit Zwiesprache halten mit uns selbst, ist es legitim, den Partner solcher Selbstgespräche Gott zu nennen ...

Und sollte es Gott geben, so bin ich sowieso überzeugt, dass er es nicht weiter übelnimmt, wenn ihn jemand mit seinem Selbst verwechselt" (V. Frankl, Der unbewusste Gott).

In unserem abendländischen Bewusstsein haben wir die Qualitäten von Güte, Barmherzigkeit, Mitgefühl, Demut, Hingabe, Weisheit und Liebe mit dem Archetyp des Christusbewusstseins verknüpft. Wir nennen diese Qualitäten die Christusenergie. Ist diese als persönlich oder unpersönlich aufzufassen?

Wir können uns in der Meditation oder im Gespräch nachsinnend fragen, ob diese Energie der Güte etc. nicht doch vielleicht eine Wesenheit ist. Wir können forschend zu erspüren versuchen, wenn wir diese Qualitäten als kosmisch vorhandene Qualitäten in uns und außerhalb von uns als existent erleben, ob sie als Energieformen, als seelische Urbilder (Archetypen) oder als eine Wesenheit im Universum vorhanden sind.

Eine hilfreiche Brücke zu dieser Frage ist, dass wir spüren können, dass sie jedenfalls **lebendig** sind, dass sie nicht nur erdachte Qualitäten, sondern tatsächlich lebendig sind. Und was steht hinter dieser Lebendigkeit? Das Leben als ein Etwas oder als ein Wesen?

Wir haben keine Antwort auf diese Frage, wir können ihr uns nur spiralig nähern und die Schuhe ausziehen. Eine Hilfe bei dieser Frage gibt das Psalmwort: „Der das Ohr gepflanzt hat, sollte der nicht hören? Der das Auge gemacht hat, sollte der nicht sehen?“ (Psalm 94.9).

Und sollte das Etwas, das uns als Personen hat sich entwickeln lassen, die große kosmische evolutive Weisheit, nicht auch eine Person sein?

Martin Schleske schreibt: „Ich bin überzeugt, dass Gott nicht weniger sein kann, als was ich bin: handelnd, wirksam, wollend, denkend, fähig zu leiden und zu lieben. Gott ist die Liebe, die uns zu Personen macht. Vor allem darum ist er ein persönlicher Gott“ (S. 20). Er zitiert Martin Buber: „Der Begriff der Personenhaftigkeit ist völlig außerstande, das Wesen Gottes zu deklarieren, aber es ist erlaubt und nötig zu sagen, Gott ist *auch* eine Person“ (Martin Buber, Ich und Du, S.128).

Wir sollten uns aller Anthropomorphisierungen, also Vermenschlichungen enthalten, das heißt, dass wir immer wissen sollten, dass das, wovon wir sprechen oder stammeln, viel größer ist als unsere Worte. Ich sage dann den Satz, den ich oft zur Deutung spiritueller Erfahrungen von Mitmenschen heranziehe: **„Es ist alles viel größer“**.

Wir können uns an das Bewusstsein gewöhnen, dass alles immer viel größer ist als unser kleines Denken. Das beunruhigt und gibt Ruhe zugleich. Wir können vielleicht ahnen, dass Gott eine Person, ein gütiges, liebendes Gegenüber ist und gleichzeitig viel mehr als eine Person ist. „Wahre Worte sind wie umgekehrt.“

Die Begegnung mit dem großen Du, dieses Überwältigtsein von etwas, das größer ist als ich, kann mich zu dem Bewusstsein führen, dass ich dieses Namenlose bin. Ich erlebe einen Singular, der keinen Plural kennt. In diesem Raum werden alle Gedanken, Gefühle, Erfahrungen und der Rest der Welt um uns in purem Sein bezeugt. Der Zeuge schaut. Gott drückt sich in mir aus und schaut mit meinen Augen auf sich selbst. Gott schafft die Schwingungsräume, mit denen ich in der Musik ihn hörbar mache und mit ihm eins bin.

Gott lässt den Duft verströmen, der Ich bin und der in ihm aufgeht.

Gott schafft die Blumen, die ich sehe, und indem ich sie sehe, verbinde ich mich mit ihrer Existenz, werde zu ihnen und gehe auf in der Einheit von Blume, Mensch und Gott. Manchmal gelingt auch, im Du Gott zu sehen, mit dem ich so verschmelze, dass ich eins werde mit dem Du als Gott und mich selbst als untrennbar von diesem Einen wahrnehme.

Diese Wahrnehmung, dieses Nehmen der Wahrheit, wird als unhinterfragbar erlebt und gibt eine Gewissheit, die mehr ist als Vertrauen, sie ist Wissen im Nichtwissen, sie ist Sicherheit in der Unsicherheit und Ewigkeit in der Zeit.

In diesem Eins-Sein-Empfinden können wir erkennen, dass das Bewusstsein durch den Raum reisen kann, dass es sich ausdehnen kann und von verschiedenen Punkten des Raumes in alle Dimensionen des Universums hinein wahrnehmen kann. Unser persönliches Bewusstsein ist lediglich eine Fokussierung des allgemeinen Bewusstseins. Es ist nur scheinbar in unserem Körper, in diesem Körperraum, doch es ist auch holistisch, nämlich ganzheitlich überall.

Wir haben in unserer Logik gelernt, dass wir widerspruchsfrei denken müssen. Diese Art zu denken ist sehr abendländisch und veraltet. Wir können, wenn wir in den Prozess von Denken und Ausdehnung eintreten, begreifen, dass es möglich ist, zweierlei gleichzeitig zu sein. Wir können unsere sterblichen und unsere unsterblichen Dimensionen gleichzeitig erfahren, unsere menschliche und unsere göttliche. Wir können unsere tiefste Gutheit zusammen mit unserem Schatten gleichzeitig betrachten.

Die Vorstellung von Getrenntheit ist eine Illusion, alle daraus resultierende Depression und Verzweiflung sind Illusionen. In Wirklichkeit sind wir getragen, auch wenn der Alltag manchmal schwer und zermürbend scheint; auch wenn im Außen alles schief zu laufen scheint, wenn wir uns von der Krise Angst machen lassen usw.

Oftmals ist es nur ein feiner Schleier, der uns von der kreativen Wahrnehmung trennt, eine Wendung in der Perspektive, die uns öffnende Wahrnehmungen ermöglicht. Wie Sie sehen werden: Diese kleine, manchmal auch große Perspektivänderung können wir üben.

> Der Fisch ist eine Personifizierung des Meeres
> und wir sind eine Personifizierung des Lichts.
>
> (Pir Vilayat Khan)

Alles, was uns begegnet, ist eine neue Welle von Licht.
Die Quelle der Seele ist Vollkommenheit.
Die Weite des Horizonts schaut durch unsere Augen.

Die anstrengungslose Ausdehnung im Zentrum dieses Moments ist das namenlose Bewusstsein, das auf seine Existenz schaut durch unsere Augen. Ich ruhe als Zeuge, bin endloses, offenes, leeres Bewusstsein, lichtvoller Raum des Bewusstseins, jetzt, genau jetzt.

Wir können die zwei letztgenannten Arten, das große Ganze zu erleben, als zwei Arten der Transzendenz- oder Gotteserfahrung bezeichnen, Gott als Du und Gott als Ich. Sie sind jedoch grundsätzlich nicht zu trennen und dennoch verschieden. Erfahrung der Begegnung und Erfahrung der Einheit, Gegenübererfahrung und Erleben der Verschmelzung.

„Zu den Einheitserfahrungen gehört das Erleben von Leerheit, von Auflösung, von Entgrenzung und Raum-Zeit-Transzendenz.

Zu den Gegenübererfahrungen gehört das Erleben von Form, Angeschaut- und Gewürdigtwerden, von Verkörperung und Materialisation, d.h. Geschöpflichkeit und schöpferischer Tätigkeit; die Würdigung von Schicksal, Personalität und Individuation“ (Essen, Die Seele ist transpersonal, S. 70).

Diese zwei Seiten unserer Existenz können wir Leere und Form nennen, es sind zwei Seiten einer Medaille, sie gehören zusammen und sind dennoch unterschiedlich.

Wie gesagt, es macht also in unserem Leben einen Unterschied, ob wir das große Etwas als ein physikalisches Phänomen, als ein Du oder als einen lichtvollen Aspekt des Selbst ansehen.

Es lässt alles in einem anderen Licht erscheinen.

Das Wissen, dass das Leben eine große Reise zwischen diesen drei Sichtweisen auf das Ganze ist, verändert alles. Vielleicht bedarf es einer Entscheidung, vielleicht können wir zwischen diesen drei Seinswahrnehmungen tanzen.

Jetzt bin ich da

Mit weiten wachen ruhigen Augen
Bin jetzt hier
Mit allem Sein.

Raum wird weit
In absichtslosem Schauen
Ich atme mich ins Jetzt
Zu mir, zu Dir, zur Welt.

Das feine Klingen öffnet Sinne
Da – hinter dieser Tür
Ein weiter Raum
Und über seiner Tür steht
Ein leuchtendes:
Du darfst!

Du darfst mit Deiner Seele sein
Sie wartet schon auf Deinen Gruß
Sie will begrüßt, gewürdigt, wahrgenommen werden.

Betritt ihn jetzt
Den Seelenraum der Ewigkeit.

40. Leben als Liebe

„Nur in der Liebe sind Einheit
und Zweiheit nicht im Widerstreit.“
(Novalis)

Wir Menschen sind mit unserer Entwicklung noch nicht fertig. Wir stehen an einem Zwischenpunkt der Menschheits- und Bewusstseinsentwicklung und werden uns noch viele Äonen weiterentwickeln. Wir werden uns weiterentwickeln zu immer komplexeren Bewusstseinsformen und zur Liebe.

Dazu leisten Sie genau jetzt einen Beitrag:

– indem Sie sich dessen bewusst sind,
– indem Sie atmen,
– sich ausdehnen,
– sich der Großen Wirklichkeit stellen,
– sich mit dem weiten Land Ihrer Seele beschäftigen, verbinden, es annehmen, es schützen und wertschätzen,
– indem Sie Ihre Lebendigkeit leben, würdigen, genießen und schenken,
– indem Sie das Drama loslassen und die Freude einladen.

Annehmen, schützen, wertschätzen, hegen und pflegen ist das, was diesem lebendigen Universum als Grundhaltung imprägniert ist.

Betrachten Sie eine Affenmutter, ein Vogel-Elternpaar, die Eltern eines kleinen Delfins, die mit ihren Jungen spielen. Schauen Sie eine Stute an, die liebevoll ihr Fohlen leckt: Sie alle leben Liebe. Sie alle leben *als* Liebe. Wir sind an diese große Energie der Liebe angeschlossen.

Wir brauchen es nicht allein zu tun. Wir können uns in den Strom dieser Liebe hineinstellen und *Ja sagen* zum Weiterreichen dieser Liebesenergie, wie eine unendlich lange Linie von Lebewesen, von Menschen, die von Hand zu Hand und dann von Herz zu Herz, von Auge zu Auge das Geheimnis des Lebens, die Liebe, weiterreichen.

Dieses Etwas, das wir weiterreichen können, ist Aufmerksamkeit, Fürsorge, Würdigung, liebevolle Zuwendung, ist Wahrnehmung, wie schön das Leben ist. Wenn Sie das Leben als Liebe leben, werden Sie erkennen, wie schön jeder Moment ist, wie Sie die Wahrnehmung von Düsternis, Schwere und Gefangensein, Trägheit und Lieblosigkeit wenden können in die große, feine Wahrnehmung dessen, wie schön dieser Moment ist, wie voll dieser Moment ist, angefüllt von Leben, von Lebendigkeit.

Dann fällt der Druck ab, irgendwo hin zu müssen, etwas leisten zu müssen, vielleicht sogar erleuchtet sein zu müssen. Es geht nicht darum, erleuchtet zu sein, sondern lebendig: lebendiges Leben durch unser Herz zu erfahren.

Sie können klein anfangen, etwas zu lieben: ein Musikstück, ein Stück Natur, ein Hobby, eine Hilfeleistung, eine Tätigkeit. Von dort aus wird Ihre Liebe sich kraftvoll und stetig entwickeln. Langsam wird sie sich ausdehnen. Genießen Sie diese Liebe, schützen Sie sie, begießen Sie sie, wie ein guter Gärtner, nähren Sie sie.

Und nach einiger Zeit wird aus der kleinen Kerze ein Lagerfeuer. Ziemlich bald umgeben Sie sich mit immer mehr Dingen, die Sie lieben.

Jedes kleine Bisschen, das Sie lieben, verweist Sie in Richtung der großen Liebe. Studieren Sie, üben Sie die kleine Liebe. Dann wird die große Liebe zunehmend mehr Eingang in Ihr Leben finden.

Üben Sie, bei der Zuwendung zu einer Leidenschaft zu bleiben, sie zu nähren und zu pflegen, und sie wird anfangen zu blühen.

Sie werden immer häufiger sagen können:

Wie schön ist das, es lebt, es ist lebendig.

Ich lebe,
Ich bin lebendig.
Ich liebe.

ANHANG

„... und Einstein lachte“

Es ist etwas passiert

Der alte Sigmund Freud war ungewohnt aufgeregt. Er erwartete in seiner Praxis in der Berggasse 19 einen ehrwürdigen, doch höchst komischen Patienten. Gleich sollte auf dieser berühmten dunkelroten Couch kein geringerer als Albert Einstein liegen und vor ihm sein widersprüchliches Seelenleben ausbreiten.

Freud steckte sich noch eine Zigarre an, er konnte sie ja gleich bei Einsteins Analyse fertig rauchen. Obwohl Freud im Medizinstudium einige Grundbegriffe der Physik gehört hatte, konnte er sich rein gar nichts unter Relativität, gedehnter Zeit und gekrümmtem Raum vorstellen. Aber er war doch sehr neugierig auf diesen merkwürdigen Kauz, der da gleich an der Tür klingeln sollte. Er wusste ja von dem allgemeinen Gerede, dass Einstein sehr eigenwillig war.

Besonders sein Verhältnis zu Frauen war interessant. Vielleicht ließ sich da ein neuer Aspekt der männlichen Libido und Promiskuität finden. Es war bekannt, dass Einstein geschieden war, aus dieser ersten Ehe zwei Söhne hatte, von denen der eine in der Psychiatrie lebte. Einstein hatte ihn immer abgelehnt.

Seine zweite Frau war lange schon seine Freundin gewesen – doch kurz vor der Hochzeit überlegte Einstein, ob er nicht doch die 20-jährige Tochter seiner zukünftigen Ehefrau heiraten sollte.

So nahm er beide und die Mutter – die Ehefrau – musste nachmittags oft das Haus verlassen, nicht nur um der Tochter Platz zu machen – zahlreiche andere Inspirationen weiblicher Art besuchten Einstein zuhause.

Dabei hatte Einstein eingestandenermaßen eine Vorliebe für ungewaschene Frauen, die nach Schweiß rochen. Zitat: „Ich liebe Frauen besonders, die richtig gut nach Schweiß riechen."

Einstein genoss die Frauen zwar sehr, war aber über das Scheitern seiner Beziehungen sehr betrübt. So merkte er in einem Brief über das Sterben eines lieben Freundes an, dass dieser eine besondere Leistung in seinem Leben vollbracht habe, er habe nämlich mit ein und derselben Frau glücklich lange Jahre zusammengelebt. Dies sei eine fast übermenschliche Leistung, die ihm, Einstein, leider nie gelungen sei.

Dann wusste Freud noch, dass Einstein ein leidenschaftlicher Geiger und Segler war. Beim Segeln starrte Einstein oft stundenlang auf das weite Wasser. Er nannte dieses Sinnieren „pflanzenhaftes Dösen". Dabei kamen ihm die besten intuitiven Einfälle. So wie ihm, Sigmund, während der Analysestunden, in denen er hinter der Couch vor sich hin döste, plötzlich ein neuer Einfall zu seiner Theorie kam.

Den bot er dann als Interpretation dem Klienten an oder schrieb ihn für seine Bücher auf.

Es klingelte. Pünktlich. Freud ließ seine Haushälterin die Tür öffnen. Er wollte nicht durch seine Unsicherheit an der Tür seine Autorität einbüßen. Er wollte auch nicht, dass Einstein merkte, dass er in seinen Bewegungen schon sehr eingeschränkt war und schwankte. Er wollte als der Gottvater erscheinen, der er auch für seine anderen Patienten war; und für die Aufrechterhaltung dieses Images tat er sehr viel.

Ob Einstein wohl analysefähig war? Ob er sich wohl den Regeln der Analyse unterwerfen werde?

Einstein trat ein. Er war wie immer ungepflegt. Wilde Haare und eine abgerissene Jacke, er weigerte sich, seine Kleider oder sich selbst zu waschen, und verbreitete einen starken Geruch. Er hatte diesen Geigenkasten bei sich, fast schon ein Markenzeichen.

Freud bedeutete ihm rasch, sich auf die Couch zu legen und frei von der Leber zu sprechen, weswegen er hier sei.

Einstein ging auf die Couch zu. Doch dann zögerte er. Er hatte nie einfach gehorcht, wenn große oder kleine Leute etwas von ihm wollten. Schon sein Schulleiter hatte ihn wegen „Untergrabens der Autorität" der Schule verwiesen.

Er blieb einfach stehen.

Damit hatte Freud nicht gerechnet. Da blieb ein Patient einfach stehen!

„Bieten Sie mir einen Stuhl an, Herr Doktor Freud!"

Da gab es keine Chance, ihn einfach flach zu legen. „Setzen Sie sich dort."

In gebührendem Abstand stand ein unbequemer Stuhl.

Einstein lief umher. Er wollte sich bewegen. „Weswegen ich komme ... weswegen ich komme, ist Folgendes: Es ist etwas passiert. Und

Sie sind der einflussreichste Psychologe in der Welt – zurzeit – Sie sind ein Revolutionär, Sie sind ein Reformer, obwohl vieles Ihrer Ideen wohl von Schopenhauer und Nietzsche abgeschrieben ist. Aber das ist egal. Das machen sie alle. Was mich ärgert, ist, dass Sie den Menschen als Maschine sehen. Druck und Gegendruck, Lustprinzip, Libido und Über-Ich, wenn ich Sie richtig verstanden habe. – Aber Sie haben Erfolge. Merkwürdig. Vielleicht, weil die Menschen sich einfach bei Ihnen aussprechen können. Und das will ich. Mich aussprechen und Ihnen eine Mitteilung machen, die sehr wichtig ist. Denn ich habe ein großes Anliegen. Es ist nämlich etwas passiert, was nicht mehr rückgängig zu machen ist, doch davon später.

Ich möchte jemanden, der mir ohne Vorurteile und schnelle Deutungen zuhört. Außerdem ist meine zweite Ehe in Gefahr. Nicht, dass meine Frau mich verlassen will, nein, doch meine Frau ist traurig, depressiv. Sie kommt mit meiner Sexsucht nicht klar, mit meinen Freundinnen. Sie hasst meine Arbeitssucht, meine Theorieleidenschaft, mein Segeln und Geigen. Können Sie mir helfen?"

Freud überlegte, was er antworten sollte. Er hatte im Vorfeld mit einigen bekannten Physikern gesprochen, die er lange aus der Analyse kannte. Einstein sei anders. Er habe eine merkwürdige Theorie vom Leben und der Welt. Das müsste man verstehen, um ihn zu verstehen.

Doch Freud war erst einmal hilflos vor so viel Widerspruchsgeist und Vitalität. Er war gewohnt, dass die Patienten ihm gehorchten. Er forderte wie gewohnt seinen Besucher auf: „Erzählen Sie von Ihrer Kindheit."

Doch Einstein lachte, er kannte diese Frage und rief: „Gehen Sie tiefer, Herr Doktor Freud."

Freud: „Es gibt nichts Tieferes."

Doch Einstein lachte: „Gehen Sie bis auf den Grund des Seins."

Freud versuchte sich zu retten: „Der Grund der Neurose ist die Libido und deren Unterdrückung durch die Erziehung, also erzählen Sie von Ihrer Kindheit!"

Wieder lachte Einstein, ein lautes dröhnendes Lachen: „Sie haben das Leben ja gar nicht verstanden:"

Freud: „Das ist alles ganz einfach und wird von unserer Theorie vollständig erklärt."

Einsteins Lachen wurde schallender. Er stoppte sich: „Eigentlich habe ich ja ein Anliegen und suche Antwort und Hilfe. Sagen Sie mir, was hilft mir weiter, die Pflicht und Moral, oder die Sinne und die Freude?"

Freud: „Pflicht und Moral sind oftmals nur Heuchelei. Schleier, hinter denen man sich gut verstecken kann. Es geht um Selbstbefreiung, diese braucht manchmal ein heiliges Nein, auch gegenüber den Pflichten. Wir müssen die Moral relativieren, der Libido Raum geben. Das ist ein langer Weg."

Freud begann aufzutauen. Schließlich hatte Einstein ihn einen Moment lang als Autorität angesprochen. Auch wenn er noch schockiert war von dem Auftreten Einsteins, begann er nachdenklicher zu werden, ein Gefühl von Wohlwollen machte sich in seiner Brust breit. Dieser Einstein hatte etwas an sich, das sogar ein warmes Gefühl in sein Herz lockte. Tief innen war Freud ein Menschenfreund und ahnte, dass es in der Erkenntnis des Menschen um mehr ging, als er wahrhaben wollte. Doch dieses Gefühl verunsicherte ihn zu sehr, als dass er es hochkommen lassen konnte.

Er bekam Angst, wurde wieder eng und konstatierte: „Aber ich kann Ihnen vielleicht helfen, wenn Sie sich den Regeln der Analyse unterwerfen, tief in sich hineinhören und offen sind für alle Einfälle, die hochkommen wollen. Und die Libido-Theorie. Wir haben die Gesetze des psychischen Apparats erforscht und herausgefunden, wie die ‚Redekur' zur Heilung führt. Der Schornstein muss geputzt werden. Wir nennen das ‚chimney sweeping'. Damit hat Dr. Breuer schon bei Nietzsche Erfolg gehabt. Es lässt sich kaum überschätzen, in welchem Maße das Leben vom Unbewussten bestimmt wird. Das Bewusstsein ist nicht viel mehr als eine dünne Haut, die das riesige Dasein umschließt. Das geschulte Auge sieht durch sie hindurch und sieht die urgewaltigen Triebe, Instinkte und den Willen zur Macht."

Einstein besann sich, ging auf Freud zu und gab dann zu bedenken: „Sie sind auf dem richtigen Weg. Sie haben viel erkannt. Ich respektiere und würdige Ihr Forschen. Doch Sie haben ein Problem. Herr Doktor Freud, Sie müssen Ihre menschliche Beschränktheit in Demut anerkennen und erkennen, dass Sie hilflos sind. Die Kräfte, denen wir unterliegen, oder besser, in deren Feld wir stehen, sind viel größer, als Sie sich vorzustellen wagen. Sie müssen das ganze Universum mit hinein nehmen. Und die Seele. Sie bleiben viel zu früh stehen. Da sind ungeheure, geheimnisvolle Kräfte am Werk. Und Ihr diagnostiziert, kategorisiert. Ihr macht den Menschen krank, dieses wunderbare Geschöpf."

Freud schwieg. Sein Besucher und dessen Lachen hatten ihn verunsichert, ja aufgewühlt. Er war hin und her gerissen zwischen Widerstand und vorsichtigen Ahnungen, dass in dem Lachen Einsteins eine große Wahrheit lag.

Einstein begann sich zu amüsieren. Er hatte eine gute Zeit. Und er lachte: „Wieso können Sie nicht sehen, dass wir alle auf der gleichen Reise sind? Auf der Reise zu dem EINEN. Das ist es, was die Relativitätstheorie sagt: Wir sind Schöpfer, Kreator und eins mit dem Universum. Beobachtetes und Beobachter sind eins. Unendlich aufeinander bezogen und untrennbar verbunden. Wissen Sie, die Menschen glauben, ich sei sehr intelligent. Andere sind viel intelligenter als ich. Ich bin nur intuitiv. Ich schwöre auf Intuition. Ich habe die Gesetze des Universums studiert und herausgefunden, dass sie größer sind, als unser Verstand es erfassen kann. Dass wir uns der Wahrheit nur in Demut nähern können.

Das Leben ist keine Maschine mit Ursache und Wirkung. Es ist ungeheuerlich, ich als Physiker habe herausgefunden, dass die Welt, das Universum lebendig ist, dass das Leben lebt. Dieses pulsierende Etwas, ein lebendiger Organismus, der sich ständig dehnt und zusammenzieht, in Millisekunden und Lichtjahren. Es gibt keinen festen Punkt."

Einstein lachte wieder und wurde immer gelöster: „Wissen Sie, das Universum lebt, **ist lebendig**, das ist es, was die Relativitätstheorie und sogar die Quantentheorie, zu der ich in einigen Punkten kritische stehe, sagen: Gott ist lebendig, er **lebt** in diesem unserem Wissen verborgenen Universum."

Einstein lachte über die Enge und Verbohrtheit der Psychoanalyse. Er lachte laut über die Vorstellung vom Menschen, der wie eine Maschine nach Ursache und Wirkung funktionieren solle. Er lachte über die Denkgewohnheit der Analytiker und der so genannten Wissenschaftler, dass es immer nur eine wahre Antwort geben könne. Er lachte sogar darüber, dass er therapiert werden solle. Dass überhaupt jemand therapiert werden solle. Er lachte in der Erkenntnis, dass das einzige Streben aller Existenz das Angenommen-Werden im Sosein ist. Er lachte und spürte seine Lebendigkeit, seine Lebenslust und das gipfelte in einer Freude, die keine Worte mehr hatte. Jubel machte sich in ihm breit: „Jubel ist unsere Bestimmung“, eröffnete er Freud.

Dieser wurde nachdenklich. Das hatte er noch nicht bedacht. Langsam gab er seinen Widerstand auf.

Er empfand ein merkwürdig fremdes Gefühl in seiner Brust, das er zuerst schwer deuten konnte, aber schließlich als interessierte Sympathie diagnostizierte.

Vielleicht war es auch mehr. Seltsam, seltsam.

Einstein sprach weiter. „Wissen Sie, während ich erzähle, erkenne ich, ich habe zwar viele Probleme mit Frauen, mit dem Leben, mit Kontakten. Doch ich bin einfach so und das ist gut so. Die Probleme gehören zu mir. Ich will einfach darin akzeptiert werden und mich darin anerkennen. Nur Präsenz zählt. Können Sie sich vorstellen, dass nur Präsenz zählt, und sollte es möglich sein, einfach über Präsenz und Stille zu heilen?

Ich spüre, während ich spreche, dass ich einfach ich bin, schlichtes Leben, Lebendigkeit. Fleischgewordene Musik. Und sagen Sie ehrlich, Herr Freud, haben Sie Ihr Leben gelebt?“

Und wieder schüttelte ihn ein Lachen. Als er sich ausgelacht hatte, wurden beide still. Einstein verströmte ein warmes Gefühl von Freude,

Leben und Empathie. Als Freud das sah, dehnten sich Sympathie und Lebendigkeit in seiner Brust aus. Tatsächlich wurde er weit in diesem Raum der Stille. Sein machte sich Bahn.

Freud verstand zum ersten Mal etwas von Ausdehnung der Zeit. In dieser Stille, in dieser Anwesenheit Einsteins, fühlte er zum ersten Mal einen Hauch von Ewigkeit. Oder war es eine Interaktion zwischen beiden, eine Resonanz? Präsenz hatte sie umfangen. Sie lächelten beide.

Freud war hin und her gerissen zwischen seiner Sympathie, der inneren sich ausdehnenden Ruhe und seinem Kampf und Aufrechterhalten-Wollen der alten Theorie. Einstein, dieses verrückte Huhn, sprengte alle Ketten der Konvention. Das war wohl ein Kern der Relativitätstheorie, Denkgewohnheiten zu durchbrechen. Er konnte ihn nicht packen. Er war zu komplex. Er ließ sich nicht fassen.

Einstein lachte. „Kein Mensch lässt sich fassen. In jedem Wesen stecken Jahrmillionen Entwicklung und Erfahrung. Wir können ihm nur ein Stück begegnen, wenn wir diese Vielschichtigkeit eines Menschen erfassen, wenn wir unser Herz auf den Tisch legen. Er ist wie jede Milchstraße ausgedehnt in der Zeit, ausgedehnt im Raum, jede Handlung bewirkt eine Änderung des Gravitationsfeldes. Und mein Rosenzweig-Podolsky-Theorem stimmt auch hier: Nichts geschieht, ohne eine unendlich ausgedehnte Wirkung zu haben. Ich bin ein exakter empirischer Forscher, doch in der Tiefe ist nur eine Antwort: Lachen und Freude.“

Einstein wusste, dass es noch lange dauern würde, bis seine Erkenntnisse in der Wissenschaft und Theorie und in der Wissenschaftspraxis übernommen werden würden. Bis der Mensch in der Psychoanalyse und der Psychologie auch als ein lebendiges, zu schützendes, lachendes, liebendes Wesen in seiner Unfassbarkeit anerkannt wäre.

Freud indes gab seinen Widerstand immer mehr auf. Er hatte ja auch ein Buch über den Witz und seine therapeutische Bedeutung geschrieben. Auch wenn er noch nicht lachen konnte – sein Krebs und der frühe Verlust seiner geliebten Tochter, sein unglückliches Sexualleben und der heraufziehende Faschismus – alle Ebenen schmerzten ihn zu sehr –, begann er diesen komischen ungewaschenen Kauz da vor ihm zu mögen.

Vielleicht könnte ein fruchtbares Arbeitsbündnis entstehen. Er zog an seiner Zigarre und nahm dann eine Prise Kokain. Wie sein Schüler Jung und viele seiner Zeitgenossen nahm er nicht nur hohe Dosen schmerzlinderndes Morphium, sondern auch Kokain, um sich zu stimulieren.

Er fragte Einstein: „Kommen Sie denn ohne Drogen aus?“

Dies war die erste selbstoffenbarende Frage auf einer Ebene.

„Ja“, sagte Einstein, „meine Süchte liegen woanders. Frauen, Musik, Wasser, aber das sind wohl eher Sehnsüchte als wirkliche Abhängigkeiten. Ich habe diese Sehnsucht nach Gott, so nenne ich dieses Gefühl des Einsseins mit dem Universum. Wissen Sie, wir sind alle unterwegs, seit Jahrtausenden, seit Jahrmillionen. Ich bin nicht begabt, nur leidenschaftlich neugierig und habe oftmals dieses Verbundenheitsgefühl mit dem Kosmos. Ich nenne es Intuition, dort her kommen meine Informationen und Inspirationen. Und der Herrgott, das heißt die große Weisheit über uns, würfelt nicht. Es hängt alles zusammen. Und ich sage noch einmal: Die ganze Relativitätstheorie sagt nur das Eine: Alles bewegt sich, nicht nach mechanischen Gesetzen, sondern nach den Prinzipien des Lebens. Es pulsiert, es lebt. Wissen Sie, was das heißt, **es lebt?!**

Ich habe erkannt, ich komme mit den Frauen nicht zurecht, weil ich zu viel von ihnen erwarte, etwas erwarte, das uns nur Gott und die Musik geben können: dieses Einssein-Gefühl. Die Frau mit ihrem Schoß ist die Quelle, aber nicht die einzelne personale Frau, sondern die Weiblichkeit, die Natur, das ewig Gebärende. Und das lässt sich durch kein Über-Ich in die Schranken weisen oder unterdrücken. Die Natur setzt sich durch. Sie ist stärker als die sozialen Normen, die Sie das Über-Ich nennen. Wissen Sie, die ganze Psychoanalyse ist verkehrt herum gedacht. Unten das Böse, der Trieb, in der Mitte das Bewusstsein und oben das Über-Ich. Sie sagen, was Es war, was Natur war, soll Ich, soll Verstand werden. Das hat schon Ihr Kollege Fritz Perls umgedreht, er hat schon tiefer geblickt. Er sagt, was Ich-Kontrolle war, soll Es (Natur, Lebendigkeit) werden. Aber den habt ihr auch aus der psychoanalytischen Vereinigung ausgeschlossen.

Ich gehe einen Schritt weiter. Was erst Es und dann Ich und dann wieder Natur war, soll zu einem ganzheitlichen Wissen über das große Geheimnis werden. Das große Gehirn ist die Verbindung von allem. Das große Geheimnis ist die Verbindung von allem. Das sagen auch Max Born, Max Planck, Werner Heisenberg und alle Großen. Das ist reine Physik. Ihr Psychologen müsst sie nur weit genug denken. Und wir Physiker wissen, dass wahre Physik religiös ist, ein tiefes Wissen von der Einheit des Ganzen hat.

Und nun komme ich zu meinem Anliegen, was ich schon zu Beginn angedeutet habe, es ist nämlich etwas passiert.“ Der heiteren Ton des Physikers nahm einen neuen Zug an, von – Dringlichkeit?

„Durch meine Formel E = M x C^2, Energie gleich Masse mal Beschleunigung, was nichts anderes besagt, als dass alles Energie ist und im kleinsten Masseteilchen eine riesige Energie verborgen ist, ist die Atombombe möglich geworden. Und Roosevelt ist bereit, sie zu bauen und zu zünden.

Ich kann das Rad nicht mehr zurückdrehen. Ich komme also eigentlich wegen etwas viel Größerem als meinen kleinen Problemen. Es liegt jetzt alles an euch Psychologen. Wir könnten die Welt hochjagen mit den Atombomben, aber gleichzeitig sind überall geistige Bewegungen im Gange, die sich mit einem erweiterten Bewusstsein und der Großartigkeit der Menschen beschäftigen. Ihr Psychologen beschäftigt euch derweil noch mit Ratten oder liegt auf einer gottlosen Couch herum und kämpft um die ‚wahre' Lehre und Schulmeinung. Hört auf, euch zu bekämpfen. Schließt euch zusammen!

Die Grundenergie von allem ist ungeheuer. Sie nennen es Libido. Geben Sie ihr den richtigen Namen. Nennen Sie sie beim Namen. Es ist Liebe, was das Universum zusammenhält! Nicht nur survival of the fittest, das Überleben des Stärksten ist das Prinzip, sondern die Liebe. Die ist L = M x C^2, das ist die unvorstellbar große Energie der Liebe und der Umwandlung.

Die Atombombe kann unser Bewusstsein von der Welt und von allem revolutionieren. Es hat keinen Sinn mehr, einander zu bekämpfen. Wissen Sie, Sie und ich, wir sind Pazifisten. Und ich bin militanter Pazifist. Ich will für den Frieden kämpfen. Es hat keinen Sinn, die kriegerischen Instinkte des Menschen auszurotten. Die Menschen müssen weiterhin kämpfen, aber nur, wofür es sich zu kämpfen lohnt! Und das sind nicht imaginäre Grenzen, Rassenvorurteile und Bereicherungsgelüste.

Unsere Mittel seien die Waffen des Geistes und der Liebe, nicht Panzer und Geschosse. Was für eine Welt könnten wir bauen, wenn wir ein Zehntel der Energie, die wir für den Krieg verpulvern, für die Schaffung eines menschenwürdigen Lebens der Menschen aller Länder einsetzen würden. Es gibt nichts, das mir wichtiger ist und mir mehr am Herzen liegt. Was ich sonst noch mache oder sage, kann die Struktur des Universums nicht verändern. Aber vielleicht kann meine Stimme der größten Sache dienen: Eintracht unter den Menschen und Friede auf Erden."

Freud kämpfte seine Rührung nieder, er mochte seine Bewegtheit nicht zeigen, wechselte das Thema und fragte Einstein: „Wenn nicht Sie die Relativitätstheorie entdeckt hätten, wer hätte sie dann und wann hätte er sie entdeckt?"

Einstein antwortete: „Das ist ganz einfach. In kürzester Zeit hätte sie jemand anderes entdeckt, in wenigen Jahren. Die Zeit war reif. Das ist alles ein großes Wissensnetz. Wissen Sie, wir Physiker können euch Psychologen ein ganz einfaches Prinzip verraten. Eine psychologische Theorie sollte wie das Leben selbst aufgebaut sein, nämlich polar. Alles hat seine Widersprüchlichkeit. Es gibt unendlich viele Widersprüche. Und diese Widersprüchlichkeit sollte auch die Grundlage eines psychologischen Theoriegebäudes sein. Wobei Sie wissen müssen, dass jedes Gebäude nur ein Erklärungsversuch ist, eine Geschichte, ein Mythos und nicht die Wahrheit.

Also, die grundlegenden Widersprüche sind: Licht und Dunkel. Das Licht ist überall, es hat die Welt erschaffen. Und dann gibt es die Möglichkeit, dass das Licht nicht durchkommt, blockiert wird. Dann ist es dunkel. Merkwürdigerweise ist auch bei Zerstörung und Tod das Licht im Spiel und damit hohe Energie. Das ist das Geheimnis.

Auf einer anderen Ebene findet das Gleiche statt. Das ist Liebe und Blockierung. Die Polarität Bewegung und Stillstand ist keine wirkliche Polarität, denn es gibt unter der Relativitätstheorie keinen Stillstand. Langsam und schnell sind relativ, und noch tiefer, Lust und Schmerz sind relativ. Leicht und schwer sind relativ.

Es ist so wichtig, dass wir eine psychologische Theorie auf diesen Polaritäten aufbauen und keine widerspruchsfreie, einfache Theorie finden wollen. Das führt zur Illusion.

Wir können lernen, diese Polaritäten als Grundlage jeglicher Theorie anzunehmen, wir können lernen, den Drang, alles eindeutig zu formulieren, loszulassen.

Wir sollen von der Vergangenheit in die Gegenwart kommen,
von der Problemorientierung zum Anschauen der Kräfte und Möglichkeiten,
vom rein Sprachlichen zum Körper,
von der kopforientierten Einzelbehandlung zum sozialen Netzwerk in der Gruppe,
vom Schmerz zur Freude,
vom Drama zur Leichtigkeit,
vom Idealisieren des vollkommenen Therapeuten zum menschlichen Kontakt zwischen Suchenden,
kurz: von der Maschine Mensch zur Seele Mensch.

Wissen Sie, Herr Freud, ich als Physiker habe entdeckt, **dass alles beseelt ist**. Dass überall eine lebendige Seele wirkt, das Feld. Ich kann es spüren, fühlen – besonders spüre ich es in der Natur und in der Musik. Und oftmals sagt diese Seele zu mir: Musizieren, lieben, Maul halten. Das Leben ist die große Seele und die große Seele ist das Leben."

Freud wusste dem nichts entgegenzusetzen. Er wusste, dass Einstein Recht hatte. Er hatte das selbst erkannt, nur sich nicht eingestanden – aus Angst. Welche Angst? Wieso haben wir Angst vor der Erkenntnis, dass wir eine Seele sind, ein lebendiges Wesen?

Einstein half ihm: „Sie können das auch physikalisch ausdrücken. Die Seele ist ein Feld, ein Schwingungsfeld. Nur, dieses Feld lebt, es gibt nichts, was nicht lebt. Das ist das Ungeheuerliche meiner Forschung.

Und die Relativitätstheorie hilft uns, das Schwere leicht zu nehmen, das Schnelle langsam zu leben. Zu genießen, loszulassen. Die Lust zu ehren. Das Dunkle als Licht zu erkennen, den Hintergrund von aller Schwingung als Liebe anzuerkennen. Die Angst als Kraft der Liebe, die Wirklichkeit der Seele. Die Seele ist der lebendige Urgrund. Sie lebt, atmet, pulst. Kollektiv und individuell."

Einstein hatte sich in eine besondere Begeisterung hineingeredet. Er schaute Freud an. Doch der blickte noch stumm zum Boden, nahm wieder einen Zug aus seinem Benebelungsdampf.

Freud fürchtete um sein Lebenswerk. Das war auf der Libido aufgebaut, nicht auf der Seele – aber war die Libido nicht auch eine biologische Funktion, war sie nicht auch lebendig? Könnte diese Libido nicht einfach Leben oder Liebe sein? Und hatte er nicht wie C.G. Jung erkannt, dass sich die Symptome durch das Erkennen ihrer Bedeutung reduzierten oder geheilt werden konnten? Er hatte doch wirklich eine Menge erkannt. Und dieser Querkopf wollte sein Denken noch weiter treiben, wollte noch tiefer in die Wirklichkeit eindringen.

Dieser ungewaschene Kerl brachte sein ganzes Konzept durcheinander – oder stellte er es auf sichere Füße? Es war zu spät. Freud hatte begonnen, sein Herz zu öffnen. Langsam, vorsichtig.

„Was wollen Sie eigentlich von mir?“, fragte er zum ersten Mal etwas freundlicher, nachdenklicher und wärmer Einstein.

„Nichts. Oder besser alles. Dass Sie den Carl Gustav Jung wieder aufnehmen in den Psychoanalytiker-Verband oder ihn ernst nehmen, dass Sie dem Körper in der Therapie seine echte Bedeutung geben, nämlich die Basis der Basis, die Grundlage von allem, und dass Sie mit dem Körper etwas wieder hineinnehmen in die Psychologie, das Sie völlig verbannt haben, die Seele ...
und was noch unfasslicher ist: Nehmen Sie Gott wieder in die Psychologie auf ...

Vielleicht sogar den liebenden Gott. Ermöglichen Sie Ihren Klienten Kontakt mit dem, was größer ist als sie selbst, dem Göttlichen. Das ist die heilsame Quelle.

Sie brauchen den Mut, Ihre Überzeugung zu ändern. Zeigen Sie, dass Sie ein fühlendes Menschenwesen sind. Verstecken Sie sich nicht länger hinter Ihrer Couch! Nehmen Sie Kontakt auf, mit mir, mit Ihren sogenannten Patienten.

Begegnen Sie den Menschen!

Sie als unvollkommenes Menschenkind sind auch nur eine Seite weiter im Lehrbuch des Lebens. Machen Sie sich Ihr eigenes ungelebtes Leben bewusst. Das ist das, was Ihnen und mir, uns allen die Brust eng macht.

Ich will, dass Sie ehrlich sind. Sie wissen nichts! Geben Sie zu, dass Sie nur ahnen und im Dunkeln tappen, vielleicht können Sie sinnvolle Fragen stellen, aber Sie haben keine Antworten. So wie ich auch und alle Physiker und sogenannten Wissenschaftler. Wir wissen nichts! Auf dem Höhepunkt meines Ruhms, bei der Nobelpreisverleihung, habe ich tiefe Demut gespürt, die Demut des Nichtwissens.

Und was meine so genannten Probleme betrifft: Ich wusste, dass Sie mir nicht helfen können. Ich hoffe auf eine nachfolgende Generation, die alle eure einseitigen Ansätze integriert zu einer Zusammenschau. Dass sich eure Töchter und Söhne alle an einen Tisch setzen und das Beste von allem zusammentragen, wohlwissend, dass es niemals eine Wahrheit gibt.

Und was weiter meine sogenannten Neurosen betrifft: Durch eure Brille sind sie Neurosen. Ich aber liebe und genieße mich, so wie ich bin."

Einstein stand auf. Er lief umher, er brauchte Bewegung, er brauchte Atem, er brauchte diesen Kontakt zum Boden. Er war erleichtert, dass er diese wesentlichen Erkenntnisse an Freud weitergegeben hatte.

Freud hatte den Impuls, diesen ärgerlichen, doch weisen Spinner zu umarmen. Doch so weit war er noch nicht, stattdessen rang er sich ein Lächeln ab.

Als Einstein das Lächeln bei Freud sah, lief ihm eine Freudenträne über die Wange und dann lachte er, dass er vor Lachen weinen musste. Er hörte eine innere großartige Musik und wollte Freud von der Schönheit und Ursprünglichkeit dieser Welt der Klänge des Universums berichten. Doch alles erstickte in diesem Weinen und Lachen.

Freud ging auf ihn zu. Und das Ungeheuerliche geschah: Sie blickten einander zum ersten Mal in die Augen. Sie begegneten einander. Freud war nun bereit. Als Einstein die Arme öffnete und ebenfalls auf ihn zuging, schmolz der letzte Rest seiner Angst.

Sie umarmten einander. Jetzt lachte auch Freud.
Herzhaft.
Es sah gut aus, mit der Gegenwart und der Zukunft.

Die Gralssuche – ein moderner Mythos

„Wer nach außen schaut, träumt,
wer nach innen blickt, erwacht."
(Carl Gustav Jung)

Die folgende Geschichte beschreibt die Entwicklung einiger wesentlicher Stränge in der Psychotherapie der letzten Jahrzehnte. Ich nehme die Geschichte von der Gralssuche und der Reise Parzivals als Rahmenstory, um einige Positionen der bedeutenderen psychologischen Schulen der Gegenwart zu erläutern und schließlich zu einer integralen schamanistischen Freude-Psychologie weiterzuentwickeln.

Dabei sind die Erfahrungen von Parzival, der sich als Schamanima (die beiden Worte Schamanin und Anima zusammengezogen) entpuppt, oftmals wörtliche authentische Zitate von Reisenden aus unseren sogenannten Atemgruppen, in denen die Teilnehmer durch intensive Atmung, rhythmische Musik, Tanz und Öffnung der Stimme diese tiefgreifend transformierenden Erfahrungen machen können.

Sie kennen die Geschichte von König Artus wahrscheinlich gut. Ich erlaube mir, diesen Mythos, der unser abendländisches Denken und Fühlen auf vielfältige Weise geprägt hat, etwas abzuwandeln und – wie gesagt – mit wörtlichen Zitaten gegenwärtig Suchender zu verdeutlichen. Er wird zur Geschichte von der Gralssuche, vom kranken König Amfortas und von den verschiedenen Heilungsansätzen der Ritter an der Tafelrunde um König Artus.

Die Gralssuche

Es war einmal eine Ritterrunde von dreizehn edlen Herren. Sie saßen um eine große Tafel, den Tisch des König Artus. Es waren ehrenwerte, besondere Ritter, die sich da versammelt hatten. Sie trugen wertvolle Rüstungen, sehr spezielle Schwerter und waren in ihren Künsten viele Jahre ausgebildet, geübt und erprobt.

Artus leitete diese Runde. Er war in Sorge, denn er wusste keine Lösung für ein großes Problem im Lande. Der Gralskönig Amfortas war krank. Weil dieser König krank war, lag auch das Land krank danieder.

Im Lande wurde zwar wie wild geschuftet. Die Lagerhäuser waren übervoll bis an den Rand. Aber auf eine geheimnisvolle Weise wurden die Menschen dennoch nie wirklich satt, verlangten mehr und mehr. Die Maschinen liefen schneller. Die Menschen arbeiteten härter. Doch die seltsame Krankheit ergriff eine immer größere Zahl von Menschen.

Eine Zeitlang half es, immer neue Produkte zu ersinnen und herzustellen. Doch bald war auch dies nicht mehr hilfreich. Der seltsame Hunger im Lande nahm zu. Merkwürdig war, dass die Menschen vergessen hatten, wonach sie eigentlich Hunger hatten.

Eine alte Weisheit verkündete, dass der König und damit Volk und Land nur dann gesundeten, wenn die Ritter einen geheimnisvollen Kelch mit einem besonderen Trank fänden.

Sie nannten diesen Kelch den Gral.

Er sollte in der Burg des kranken Königs, den sie Fischerkönig nannten, versteckt sein. Diese Burg verschwand jedoch immer dann, wenn man sich ihr nicht in der rechten Absicht näherte und nicht die richtige Frage stellte. Jeder der Ritter hatte nun eine andere Vorstellung davon, was und wo dieser Gral sein könnte, und versuchte auf seine Weise, ihn zu finden.

Ritter Parzival war einer der dreizehn Ritter der Artusrunde. Parzival war jedoch eine als Mann verkleidete Frau. Mit eigentlichem Namen hieß sie Schamanima.

Schamanima blickte in der Tafelrunde umher und sah sich die übrigen zwölf Ritter an. Da saßen sie alle: Fritz von Perlsien, Sigmund ohne Freud, Carolus Rogers, Wilhelm Reich von Lowen, Bert von Hellinger, der junge Carl Gustav und die anderen und diskutierten darüber, wie sie den Gral finden und das Geheimnis des Grals lüften könnten.

1 Kommunikation

Sie schaute zum ersten Ritter. Er hieß Paul, kam aus Palo Alto in Kalifornien, seine Freunde nannten ihn Watze. Er sprach über die Wichtigkeit von Kommunikation und erklärte, dass jede Kommunikation vier Wege habe, dass es einen Sender und einen Empfänger gäbe und die Botschaft auf dem Weg vom Sender zum Empfänger durch bestimmte Wahrnehmungsmuster verändert würde.

Das war revolutionär.

Insbesondere die Einführung von sogenannten Ich-Botschaften (die Ritter sollten von sich reden, wenn sie etwas sagen wollten), die Nutzung von Feedback (Ich teile den anderen mit, was ich wahrnehme und wie ich dazu fühle) und die Berücksichtigung der Gruppendynamik der Ritterrunde erhöhten die Direktheit im Kontakt.

Es wurde modern, zur Verbesserung der Interaktion Spiele zu spielen, welche die Verhaltensmuster verdeutlichten. Es wurden spielerisch Rollen verteilt (wie Kapitän, Koch, Steuermann oder blinder Passagier). Sie bauten mit den Personen im Raum Skulpturen, die die Strukturen der Gruppe verdeutlichten. Es war das goldene Zeitalter der zahlreichen Übungen.

Die Gesichter der Beteiligten glühten. Sie glaubten, den Stein der Weisen, wie einige den Gral nannten, gefunden zu haben. Man hatte entdeckt, dass der Beziehungsaspekt in der Kommunikation viel wichtiger war als das, was inhaltlich gesagt wurde. Denn sichtbar – das wurde nun klar – war ja immer nur die Spitze des Eisbergs.

Die neuen Zauberwörter und die zugehörigen Techniken, die ja wirklich vieles erleichterten und ermöglichten, waren Verhaltensoptimierung und offene Kommunikation.

Durch Kommunikationsanalysen lernte der König besser mit Konflikten umgehen. Plumpe Ursache-Wirkungs-Analysen wurden unmodern. In den Teammeetings des Schlosses wurde schneller und effektiver kommuniziert.

Den König freute das, doch er wurde nicht wirklich gesund. Ein Allheilmittel war der Kommunikationszauber offenbar doch nicht.

Etwas schien noch zu fehlen. Es wurde deutlich, dass nicht nur die Beziehungen wichtig sind, sondern auch die Inhalte.

2 Neurolinguistisches Programmieren

Schamanima schaute zum zweiten Ritterpaar: Es war ein Zwillingspaar und hieß Bandler und Grinder. Sie hatten bei vielen anderen Rittern zugeschaut, vor allem bei dem alten Hypnonimus Ericson und die besten Heiltechniken zusammengetragen. Weil nur zu wirken scheint und weiter getragen werden kann, was einen Namen hat, nannten sie es neurolinguistisches Programmieren, kurz: NLP.

Sie vermittelten dem König, wie er innere Einstellungen erfolgreich verändern und wie er die Kraft besonders gelungener Erfahrungen in seinem Leben für künftige schwierige Situationen nutzen konnte. Bandler und Grinder baten den König, sich eine besonders erfüllende Situation aus seinem Leben vorzustellen. Amfortas erinnerte den Moment, als seine Tochter geboren wurde. Damals war er in einem sogenannten Ressource-State, in einem Zustand von Kraft und Strahlen, einem Moment of Excellence.

Bandler und Grinder forderten ihn auf, sich ganz genau zu erinnern, wie er sich damals gefühlt, was er gesagt hatte. Sie halfen ihm, Farben und Klänge erneut zu sehen und zu hören und vor allem das Fließen der Energie in seinem Körper wieder zu aktualisieren.

Nun sollte der König sich eine zukünftige schwierige Situation vorstellen. Er dachte an den kommenden Grenzstreit mit den Schotten. Die Vorstellung nun, dass er in diesen Konflikt mit der gleichen unbezähmbaren Kraft gehen würde, wie er sie bei der Geburt seiner Tochter gespürt hatte, vermittelt ihm eine solche Ausstrahlung und Freude, dass er sich zum ersten Mal vorstellen konnte, diesmal im Konflikt mit seinem Nachbarn zu bestehen. Das erfüllte ihn mit

Zuversicht. Und Zuversicht ist offenbar ein wesentlicher Heilungsfaktor, da sie im Inneren die Energien zum Fließen bringt.

NLP wurde zu einer Mode im ganzen Land. Doch letztlich hinterließ diese Technik einen Geschmack von fehlender Tiefe. Das wirkliche Fühlen, der ganze Mensch, das Scheitern, die Schmerzen, das Dunkle und die großen Themen des Menschen wurden zu sehr ausgeblendet. Das Leben, das Lebendige schien zu fehlen. Schnelle, scheinbar einfache Lösungen und Machbarkeit waren nicht das, was den König heilen konnte.

3 Zuhören mit Empathie

Der dritte Ritter hieß Carolus Rogers. Er war ein Verfechter des Guten. Er lehrte das Zuhören und das Einfühlen. Er wiederholte auf einfühlsame Weise, was sein Gegenüber gesagt hatte, betonte dabei die Gefühlsinhalte und hörte erneut zu.

Im nächsten Schritt lehrte er, wie man Gefühle wahrnehmen, unterstützen, locken und ausdrücken konnte. So lernte sein Gegenüber seine eigenen Gefühle besser kennen und fühlen.

Carolus wandte nur möglichst wenig Lenkung des Prozesses an. Seine Schüler nannten diese Methode Mitgehen oder Pacen. Sie ist bis heute Bestandteil vieler Trainings. Wann immer Carl seine Zuhör-Kur anwandte, ging es dem kranken König eine Zeitlang besser. Aber er wurde nicht wirklich gesund.

Irgendetwas vermisste er noch.

Schamanima kannte die Wege der übrigen Ritter gut. In ihrer Lehrzeit hatte sie alle diese Techniken erfahren, erprobt und deren Vorzüge und Unvollkommenheiten kennengelernt.

4 Transaktionsanalyse

Schamanima schaute zum vierten Ritter. Sie mochte Eric, da er das freie Kind im König unterstützte und so alles viel mehr Spaß machte. Mit vollem Namen hieß er Eric Berne.

Er hatte eine Methode entwickelt, in der er das Modell von Ritter Sigmund ohne Freud vereinfachte, so dass es jeder verstehen konnte: Oben in jeder Persönlichkeit sitzen die Eltern-Stimmen, entweder kritisch oder fürsorglich. In der Mitte der Person regiert der erwachsene Persönlichkeitsanteil und unten lebt das Kind, entweder angepasst oder frei. Eric vermittelte, dass, wenn der König genau wahrnahm, aus welchem Ich-Zustand (so nannte er die drei Etagen) er selbst und sein Hofstaat kommunizierten, er die Transaktionen analysieren und verbessern konnte.

Der König konnte seine inneren Antreiber, Bremser und Erlauber kennenlernen und erlebte, wie die drei miteinander kämpften. Langsam gewann der König die Herrschaft über diesen ständigen inneren Streit der drei und konnte seine Person so besser entfalten. Er wurde zufriedener.

Wenn Carl, Paul, Bandler-Grinder und Eric, die ersten vier Ritter, sich zusammentaten, gab es muntere Spiele der Erwachsenen, das Eis zwischen den Menschen schmolz leichter und sie begannen, einander zu würdigen, zu verstehen. Eine neue Kultur des Respekts und der Relativierung der eigenen Wahrnehmung begann. So konnte der König zum Beispiel seinen trotzigen Mitarbeiter „Dauertyp“, der immer alles beim Alten belassen wollte, besser verstehen und ihn allein schon durch das Verständnis seiner Reaktionsmuster aus seinen Mustern herauslocken.

Artus war begeistert. Auch den kranken König Amfortas freute es.

Doch sein Hunger nahm eher zu, da er nun endlich in Kontakt mit seinen Bedürfnissen gekommen war, sie aber nicht wirklich gestillt wurden.

Etwas fehlte immer noch.

5 Biografie und Libido

Ritter Sigmund ohne Freud hatte wenig Freude in seiner Kindheit und Jugend gehabt. So studierte er Medizin. Er stellte sich, wie die übrigen Ärzte, den Menschen als eine Maschine vor und ersann eine merkwürdige physikalische Kraft, die Libido, die im sexuellen Drang alles Verhalten bewirken und erklären sollte. Seine wirklich revolutionäre Entdeckung war das Meer des Unbewussten, die Geschichtlichkeit unserer „Krankheiten“ und die Wichtigkeit des Verstehens.

Es war sehr heilsam für Amfortas, dass er Sinn in seiner Biografie und die Bedeutung seiner Symptome in diesem Lebenszusammenhang erkennen lernte. So lösten sich seine starken Verkrampfungen und er konnte sich vollständiger erleben. Unter der dünnen Decke seines Bewusstseins lag offenbar das riesige Land seines Unbewussten, das seine Impulse steuerte.

Sigmund und auch sein Sohn Carl Gustav (von dem wir später noch erzählen werden) brachten die Landkarten vom Bewusstsein des Menschen und damit die Heilung des Königs ein großes Stück voran. Aber große Teile des Landes blieben unerkannt und unberührt.

Etwas fehlte noch, um den Gral wirklich zu finden.

Denn vor wirklicher Berührung und dem Körper hatte Sigmund eine solche Angst, dass er sie allen Schülern und deren Schülern und Schülerinnen für alle Zeiten verbot und den Kontakt auf das analysierende Sprechen reduzierte.

6 Kontakt und Polaritäten-Integration

Der sechste Edle, Ritter Fritz von Perlsien, hatte sich heftig gegen das Libido-Prinzip von Sigmund gewehrt und postulierte als Heilmittel für den König und das Land einen merkwürdigen neuen Weg: Er nannte ihn „Kontakt" und meinte wirklichen Kontakt, die Begegnung zwischen wirklichen Menschen. Er war deswegen von Sigmund aus seiner Schule ausgeschlossen worden.

Fritz lehrte, wie man verschiedene, einander scheinbar widersprechende Teile in der eigenen Person miteinander ins Gespräch bringen konnte. Der König erlebte dadurch eine größere Ganzheit. Abgelehnte und abgewehrte Teile konnte er nun bejahen und integrieren. So wurde Amfortas vollständiger. Sie nannten diesen Weg „Gestalt schließen".

Vor allem das Dunkle, das Aggressive, das sogenannte Böse wurde in seiner Kraft und Kreativität gewürdigt. Es war ein wertvoller Weg.

Doch immer noch fehlte etwas. Denn der Gral blieb unentdeckt.

Die Burg des Königs verschwand weiterhin und Schamanima, die sich noch in der Rüstung des Parzival versteckte, musste bei dem nächsten Ritter suchen, ob dieser wohl einen Weg zum Gral zu finden wusste.

7 Körper

Der siebte Ritter kam aus dem reichen Geschlecht der Lowen. Wilhelm Reich von Lowen hatte eine revolutionäre Heilkur für den König eingeführt: Er arbeitete mit dem Körper des Königs, mit dessen Blockaden und dessen Energien. Er ließ Amfortas schreien, zittern, schlagen, stampfen, laut Ja und Nein rufen, toben, wimmern. Es ging offenbar darum, dass der König alle Gefühle und Köperimpulse bis zum Letzten ausdrücken durfte.

Das tat ihm sehr gut. Er entspannte sich, konnte sich besser spüren und bekam eine viel breitere Perspektive für zwischenmenschliche Belange.

Der König erlebte etwas, das ihn weich und glücklich machte: Er fühlte seine echten Gefühle, seine Wut, seine Trauer, seine Freude, seine Angst und seine Liebe. Er spürte die vibrierenden Energien seines Körpers, den Kontakt zum Boden und zu seinen Mitmenschen.

Der Durchbruch schien oft schon geschafft.

Aber etwas fehlte noch.

8 Integration

Schamanimas Blick schweifte nun zu einem Integrator, zu Ritter Hilarion. Hilarion von Petzold verband verschiedene Verfahren der anderen Ritter und auch Ritterinnen zu einer Integrativen Methode.

Kontakt, Gefühle, Körper, Bewegung, Biografie und die Integration der abgespaltenen Anteile über Fritzens Gestaltweg, kreativer Ausdruck über Medien, Tanz und Stimme – alles war auf einmal erlaubt und wurde geübt und verbunden. Das war ein großer Durchbruch auf dem Weg zur Heilung des Königs und des Landes.

Hilarion war nun ganz nah dran. Doch kurz bevor er die wesentliche Tür zum Gral hätte öffnen können, blieb er stehen, drehte um und beschränkte sich auf das Sichtbare. Er huldigte der sogenannten Wissenschaft und ließ nur Sichtbares und offensichtlich Beweisbares gelten. Er wusste zwar um viele Geheimnisse der Heilung, ließ sie aber nicht wirklich zu, um Anerkennung zu gewinnen.

Das eigentlich Heilende fehlte noch.

9 Raum

Der neunte Ritter, Morihei Ueshiba, war lange in Japan gewesen. Er hatte dort die alten Kampfkünste gelernt und vermittelte nun dem König, dass Raum und Richtung Heilmittel seien.

Er zeigte ihm, was vorwärts, rückwärts und seitwärts für seine Gefühle und seinen Körper, ja insbesondere für seinen Führungsstil als

Führungskraft bedeuten, und übte mit ihm, seine Energie wirklich nach vorn zu schicken.

Amfortas wie zuvor schon Artus lernte dabei ein wesentliches Prinzip: Unser Geist ist stärker als die sogenannte Materie. Mit konzentrierter Kraft des Geistes und der Gedanken können wir uns eine Stabilität und Richtung geben, die meist fast unbezwingbar ist.

Amfortas' Bewegungen wurden geschmeidiger. Er lernte durch das Leben zu tanzen und seine Gedanken und Bilder mit kleinen Körperbewegungen so zu begleiten, dass sie sehr viel kraftvoller wurden, was ihm insbesondere bei seiner Führungsaufgabe, aber auch in privaten Konflikten sehr zu Hilfe kam.

Der König war vergnügt.

Sein Energiekörper war angesprochen. Allein schon dadurch begann dieser zu wachsen, sich auszudehnen.

Schamanima sah das mit Zufriedenheit, doch sie wusste, dass die Suche nach dem Gral noch nicht beendet war.

10 System und Seele

Nun setzte die als Parzival verkleidete Schamanima ihre ganze Hoffnung auf den zehnten Ritter. Mit ihr taten es viele andere im Lande. Viele dachten, der Gral sei gefunden. Es war Ritter Bert aus dem Geschlecht der Hellinger, der einen alten Weg neu verkündete. Er bezog sich auf tiefe seelische Strukturen und erkannte die Wichtigkeit von Ordnung und Ordnungen.

Auf diesen Ordnungen baute er sein Heilsystem auf. Er benutzte ein ganz merkwürdig altes Wort: Er sprach von der Seele und er vertraute den Bewegungen dieser Seele. Denn er verstand Seele als das schwingende und wissende Feld eines ganzen Familiensystems, zu dem auch die schon verstorbenen Mitglieder einer Familie gehörten.

Schon sein Verwandter Rupertus von Sheldrakien hatte das erkannt. Bert baute die Erkenntnis vom wissenden Feld und von der Notwendigkeit von Ordnung zu einer wirkungsvollen Heilkur zusammen: Er nannte es das Aufstellen.

Es wurde zu einer sehr beliebten Methode im ganzen Reich, die vielen Menschen wichtige Erkenntnisse über familiäre (oder systemische, wie sie es nannten) Zusammenhänge vermittelte.

Bert sprach von der Seele, und Schamanima spürte, dass hier eine wichtige Öffnung in den unsichtbaren Raum geschehen war. Das Problem war, dass offenbar nur Bert wusste, was gut und richtig für die Seele war. Schamanima bemerkte, dass die zu Heilenden ihre Selbstständigkeit einbüßten. Zudem fehlten ihr zu viele andere wichtige Elemente, die die übrigen Ritter schon als heilsam erkannt hatten, wie Stimme, Ausdruck, Bewegung, Freude, Tanz und Musik.

Die eigentliche Kraft des Grals schien auch hier noch nicht ganz zur Wirkung zu kommen.

11 Archetypen und kollektives Unbewusstes

Der elfte Ritter, Carl Gustav, war noch jung. Dennoch hatte er die Heilmethoden am weitesten vorangebracht.

Er öffnete die Tore in den großen Raum des kollektiven Unbewussten, sah, dass wir Menschen im tiefen Gewebe des seelischen Urgrunds immer schon miteinander vernetzt sind, und zeigte einen Weg, über Träume, Symbole und innere Urbilder, die er Archetypen nannte, mit unseren Heilkräften in Verbindung zu treten.

Er verband den spirituellen Impuls des Menschen mit einer gründlichen kritisch-historischen Analyse der Weltreligionen, so dass seine Schüler frei werden konnten von Dogmen des Glaubens, der Normen und Gebote.

Sein Anliegen war, die Impulse der Seele als zutiefst organische und wachstumsorientierte Entwicklungen zu verstehen. Individuation, Ganzwerdung, Mandalas, Sinn – ach, es würde einer weiteren Geschichte bedürfen, um die Schätze von C. G. zu beschreiben.

Er hatte viele gute Brüder und Söhne: William James, Stan Grof, Roberto Assagioli, Hameed Ali Almaas, Ken Wilber, Rupert Sheldrake, John Pierrakos und Sri Aurobindo öffneten die Pforten für weitere wichtige Entdeckungen im Raum der Seele.

12 Meditation, Präsenz

Ritter Goenkashi, der letzte Ritter vor Anima, wie sie von ihren Freunden auch genannt wurde, war in Indien und Japan gewesen. Er hatte ein sehr wirksames und auch schönes Heilmittel mitgebracht: die Stille.

Er und seine Freunde Graf Dürckheim, Jack Kornfield und andere lehrten verschiedene Wege, den Geist still werden zu lassen, indem die Übenden die Entstehung der Gedanken und Gefühle und Bilder beobachten lernten.

Sie übten, ihre Konzentration auf einen Punkt zu richten und jede Bewegung, jeden Impuls mit Aufmerksamkeit zu begleiten. Aufmerksamkeit war das heilende Zauberwort, wie es auch schon Ritter Fritz betont hatte. Aufmerksamkeit war in der Tat ein kraftvolles Heilmittel. Sie war etwas völlig anderes als Trance. Sie war ein Zustand höchster Wachheit und Prägnanz. Sie war ein Ankommen in der Gegenwart, ein Wahrnehmen verschiedener Ebenen des Bewusstseins gleichzeitig. Sie war Genießen von Präsenz, Anwesenheit.

Wenn Präsenz erreicht war, richtete Ritter Goenkashi seine Aufmerksamkeit zum Herzen und öffnete es durch ein inneres Lächeln, öffnete es für die Impulse der Mitmenschlichkeit oder auch Liebe.

Der König gesundete in dieser Stille zunehmend.

Eigentlich war alles da in der Stille, doch Stille allein? Dazu war der König nun doch zu leidenschaftlich, zu körperbezogen und lustorientiert. Er suchte die Gemeinschaft mit anderen Menschen, er suchte den Tanz und die Musik. Er wünschte sich, dass der Ritter der Stille sich mit den anderen zusammentat, dass sie sich alle an einen Tisch setzten.

Doch zuvor musste noch der Gral gefunden werden.

13 Schamanische Reise

Schamanima dachte nach. Alle Ritter brachten etwas Wertvolles für die Heilung. Doch der Hunger wurde noch nicht wirklich gestillt.

Schamanima beschloss, sich selbst auf den Weg zu machen. Sie musste ein Heilmittel für den König finden. Sie wusste, sie würde erst noch einige schwierige Abenteuer bestehen müssen. Sie musste fort auf eine tiefe, schwere und vielleicht wunderbare Reise durch unbekannte Länder und Prüfungen bestehen, bevor sie den Gral finden könnte.

Sie dachte an ihr Pferd Body und sah herausfordernde Kämpfe auf sie beide zukommen. Sie wusste, dass ihr treues Pferd Body ein wichtiger Begleiter für sie war. Manchmal spürte sie auch, dass neben oder hinter ihr ein zweiter Begleiter zu sein schien, ein merkwürdig leichtes, feines, schützendes Wesen, das sich wie ein energetischer, weiter Raum um sie herum anfühlte. Sie spürte oft, wenn sie aufmerksam war, dass sie nicht allein war.

Sie hatte sich gut vorbereitet auf die Reise: Sie hatte sich von ihrer Mutter und ihrem Vater verabschiedet, alte Schmerzen und Vorwürfe losgelassen, das Festhalten am Drama rituell verabschiedet, ihre geistigen Begleiter um Hilfe gebeten und sich einverstanden erklärt, alle Erfahrungen, die auf sie zukommen würden, vollständig anzunehmen und willkommen zu heißen.

Natürlich hatte sie Angst, große Angst sogar. Deshalb nahm sie innere Zuflucht zu der alten weisen Frau in ihr, die ihr als Wegweiserin dienen würde.

Sie wunderte sich: Die anderen Ritter hatten den Palast des Königs zwar scheinbar immer gefunden. Aber irgendwie war der König immer wieder verschwunden. Vom Gral war in der Ritterrunde und im Volke schon lange nicht mehr die Rede gewesen.

Sie nahm Schwert, Schild und Speer und machte sich auf den Weg. Sie bestand viele Abenteuer, erschlug den Roten Ritter, befreite eine bedrängte Prinzessin, mit der sie für kurze Zeit zusammenlebte, brach erneut auf, lebte in Lust und Fülle, verletzte sich und andere hier und da durch Unaufmerksamkeiten und brauste durch die Lande.

Unbeirrt kämpfte sie sich vorbei an einigen Ungeheuern und Drachen zum König durch und führte ihm stolz alle ihre Künste vor. Dieser war jedoch von ihrem jugendlichen Drängen unbeeindruckt.

Amfortas zeigte ihr für einen kurzen Moment den Gral, heilende Symbole und die Schönheiten des inneren Reiches. Doch sie schien noch nicht genügend vorbereitet zu sein auf diesen Reichtum. Sie konnte diese glänzende Fülle nicht wirklich wahrnehmen und verpasste es, die wesentliche Frage zu stellen.

Traurig und wissend lächelte der König. Mit ihm verschwanden der Gral und die Burg in der Tiefe.

So musste Schamanima erneut aufbrechen. Sie irrte durch das Land, verweilte, brach erneut auf. Als sie gerade aufgeben wollte, sich hingab an das Unvermeidliche, sah sie sich plötzlich in einem dichten Wald aufwachen. Sie schaute umher und war von der eigentümlichen Magie dieses Waldes mit alten großen Bäumen und saftig moosigem Boden so überrascht, dass sie die Ankunft einer Frau nicht zu bemerken schien. Oder war diese Frau schon immer da gewesen?

Vor ihr stand eine alte Indianer-Squaw. Sie war wild, kraftvoll und schaute Schamanima gütig an. In ihrer wilden Weiblichkeit schien sie jung und alt zugleich. Ihr buntes Kleid war geschmückt mit Federn, Edelsteinen und Fellstücken. Sie hatte ein kleines Kind an der einen Hand. Auf der anderen Seite stand ein riesiger Braunbär, der Schamanima freundlich zunickte und ihr deutlich machte, dass er sie beschützen werde. Die alte Frau nahm Schamanima zu einer höhlenartigen Öffnung in einem Hügel mit und versicherte ihr, dass sie sich nicht zu fürchten brauche.

Ihr Pferd Body, ihr Atem, ein Klangschild und die unsichtbaren Beschützer, versicherte sie, seien ihre Wegbegleiter. Ihre Aufmerksamkeit auf ihren Atem sei wie ein Geländer, an dem sie sich in diese Öffnung in die Erde immer tiefer und tiefer nach innen gleiten lassen könne.

Die alte weise Squaw sagte noch, dass das Geheimnis der Reise das Loslassen sei, und mit dem nächsten Atemzug war Anima schon auf der Reise.

Sie gleitet durch ein rundes, leicht geripptes Rohr in Sphären hinab, die sie noch nie gesehen hat, die ihr andererseits sehr bekannt und altvertraut scheinen. Ihr Weg führt sie in eine andere Welt. Sie nennt sie Unterwelt oder Überwelt oder Zwischenwelt, je nachdem wie sie schaut. Sie sieht Dämonen und Muttermonster, die sich zu froschähnlichen Wesen wandeln und auf eine groteske Weise Aufmerksamkeit fordern.

„Sie nehmen sich ja sooo ernst“, denkt Anima. Sie kann nur lachen und lachen und lachen, auf eine sehr tief befreiende Weise. Im Lachen kann sie loslassen. Dieses Loslassen schafft Raum für Neues.

Hinter einer weiteren Drehung in dem Rohr, durch das sie gleitet, lauern wieder Monster und Drachen. Als sie ihnen ohne Angst begegnet, fressen sie sich selbst auf oder zerfallen zu Staub.

Dann steht sie vor einem abgrundtiefen schwarzen Loch, dem Tod, und sieht hinein. Indem sie wiederholt: „Ich bin einverstanden", entsteht eine tiefe körperliche Entspannung.

Dann lässt sie zu, dass Stück für Stück ihres Körpers sich von ihr löst. Immer mehr Stücke verwirbeln in dieses schwarze Loch hinein. Das Herz hält sie noch eine Weile fest. Dann lässt sie zu, dass auch dies ihr genommen wird, dass erst negative, dann positive Gefühle ins Loch hinein fallen. Schließlich kann sie auch noch den Zeugen loslassen und sich einem höheren Gesetz unterordnen. Durch Einverstandensein, durch Ja ist die Angst geschwunden.

Sie spürt Klang, der sich überall in ihrem Körper ausbreitet. Sie merkt, dass sie sich von ihrer Stimme Unterstützung holen kann. Wie eine Rückenstütze wirkt ihre Stimme. Ihre Stimme bebt. Ihr Volumen trägt sie in immer neue innere Räume. Sie spürt, es ist ihr zutiefst eigener innerer Klang, der sie trägt.

Dann kommt wieder das Dunkel. Doch es ist nichts Bedrohliches mehr.

Es ist wie ein Urwald, der sie trägt und seinen eigenen Ton hat. In diesem Urwald öffnet sich ein riesiger Vulkan. Sie spürt den Vulkan in ihrem Becken, was sie in der anderen Welt als Orgasmus kennt.

Plötzlich wird es wieder hell, sehr hell, Sonne, so als hätte sie durch den Rhythmus, die Tiefe und den Höhepunkt den Weg ins Licht gefunden. Sie erlebt sich als grazile Elfe, die mit den Klängen des Lichts tanzt.

Anima fühlt sich wie in ihrer wohlvertrauten Heimat. Sie sieht Bilder, hört Klänge, spürt Empfindungen, genießt Gefühle, aber nicht getrennt voneinander, sondern alles zugleich, eine große Synästhesie. Sie sieht die Klänge, hört die Bilder, riecht die Gefühle, spürt ihre Gedanken und alles ist eins.

Jetzt hört sie am unteren Ende ihrer Wirbelsäule eine Art inneren Knall und fühlt, wie von ihrem Becken ausgehend eine heiß glühende leuchtende Energie ihre Wirbelsäule hinaufsteigt.

Sie betritt neue Räume im Inneren, in denen sie erlebt, wie aus dem Nichtmanifesten das Manifeste wird. Sie wird erschüttert von der Erfahrung, dass sie Zeugin ist bei der Geburt, beim Entstehen des Seins.

„In diesem innersten Bereich ist eine Wahnsinnskraft", sagt sie zu sich. „Die kann und brauche ich jedoch nicht allein zu tragen. Sie ist viel zu groß, um sie auszuhalten. Doch ich werde unterstützt beim Aushaltenlernen. Ich kann meine obere Grenze von Glück ausdehnen."

Sie gleitet in einen neuen Raum, in dem ihr die bisherige Enge ihrer Wahrnehmung vorgeführt wird. Erstaunt spürt sie, wie der geistig-seelische Organismus eine große Energiemenge aufwendet, um die Blase der engen Wahrnehmung zu sprengen. Sie kann deutlich sehen, wie sich ihre Energie erhöht. Diese Energie kommt von innen, ganz von innen. Sie weiß: „Diese Energie ist das, was das Leben eigentlich bestimmt." Ihre Erkenntnis trifft sie wie ein Orkan von Glück. Diese persönliche Energie ist in Verbindung mit den großen Energien.

Sie erlebt und weiß: „Wenn ich das wahrnehme und zulasse, dann reite ich auf der Welle, einer großen Energiewelle, die mich mitnehmen kann, wodurch alles leicht wird."

Es ist ein köstlicher Zustand, diese hellwache Linie von Licht zu spüren, die sich durch ihr ganzes Wesen zieht. Sie spürt die Polaritäten von Freude und Leid. Wieder schießt die vibrierende Energie ihre Wirbelsäule hoch. Es ist heiß in jedem Wirbel, Sie genießt die große Weite in ihrer Brust.

Alles pulst, sie sieht Licht und Lichterscheinungen. Freundliche Wesen begleiten sie. Sie betritt einen weiten Raum.

Raum, so ist nun ihre Empfindung, öffnet sich in ihrer Brust, in ihrem Bauch und Becken, in ihrem Herzen. Überall empfindet sie Weite und Öffnung. Raum bekommt eine neu-altvertraute Qualität von Öffnung und Schutz zugleich. Der weite Raum ist wie eine leuchtend strahlende Himmelskuppel, die sie wie eine Kathedrale aus Kristallen und Farbspielen erlebt. Diese Kathedrale aber ist nicht außen, obwohl sie sie mit den inneren Augen sieht, nein, sie ist innen. In ihrem Innersten öffnet sich diese Kathedrale zu einem ungeheuren brausenden Raum, der sich immer weiter entfaltet wie ein ursprünglicher Wachstumsprozess.

Sie sieht auf der Ebene der Zellen, wie sich alles entwickelt. Ja, „entwickelt" ist das richtige Wort. Aus jeder Zelle entsteht ein inneres Lebewesen, das lächelt und ihr eine gute Botschaft über ihre inneren Zusammenhänge und Vernetzungen gibt.

Sie fühlt sich geborgen. Gleichzeitig entsteht eine zunehmende Angst, als sie merkt, dass sie sich (oder was sie glaubt zu sein) langsam und unaufhaltsam aufzulösen beginnt. Sie oder vielmehr das von ihr, was sie für sich gehalten hat. In dieser Auflösung fühlt sie sich jedoch so angebunden an den Strom des Lebens, dass die Angst sich in ein großes Einverstandensein auflöst. So braust sie durch den inneren Raum, der nun zugleich der Weltraum ist.

Während sie weiter schwebt, schaut und beschenkt wird von einer ungeheuren Fülle an Bildern, Klängen, Wesen und Informationen, gibt es immer wieder auch Ruhepunkte, Innehalten in einem totalen Jetzt. Im Fliegen und im Verweilen fühlt sie sich zu Hause angekommen, bei sich und ihrem Urgrund, fühlt sie sich geheilt und ganz.

In beidem, im Brausen und in der Stille, die sich immer wieder abwechseln, hört sie so etwas wie Stimmen, die sie über die großen Zusammenhänge aufklären, Zusammenhänge der Welt, ihrer Person, ihrer Arbeit und ihrer Beziehungen.

Sie sieht Wesen, die ihr Wege und Visionen zeigen. Diese geben ihr Hinweise für die nächsten guten Schritte in ihrem Leben, zeigen ihr Brücken, über die sie gehen kann, um die anstehenden Themen zu lösen.

Immer wieder, immer deutlicher werden ihr Menschen und Orte, Wege und Wesen gezeigt, die ihr weiterhelfen können. Sie nimmt dies zutiefst dankbar an. Ein Gefühl von Überraschung, Verwunderung und Stimmigkeit begleitet diese Visionen, die kraftvoll und klar sind.

Nun öffnet sich ein weiterer innerer Vulkan und ein rot glühendes, gelb-oranges Lavafeuer erscheint. In diesem Vulkan werden die Reste des Alten, des Festhaltens weggeschmolzen. Eine Gleichzeitigkeit von Leere und Fülle ist in diesem hellen Raum von Lebenslust und Lebenskraft. Es fließt in ihr wie geschmolzener Bernstein.

Sie ist gewiss, dass dieses Lebendige immer da ist, diese Essenz von leuchtendem Gelb, ein Lichtquell. Ihr Ich löst sich auf. Gleichzeitig fühlt sie sich eingebettet in etwas noch Größeres. Sie ist wie eine Brücke vom Geistigen zum Materiellen in einem Raum von Vollkommenheit.

In dieser Verdichtung von Geistigem und Materie in ihr erlebt sie das Raum-Zeit-Kontinuum, das sich mit rasender Geschwindigkeit durch den Raum bewegt, am Rande und innen, überall gleichzeitig und dennoch ein Punkt.

Wieder und wieder erklingt ihre Stimme, sie wird der Ton, sie ist der Ton. Sie geht tiefer und tiefer bis zu dem Punkt, an dem der Ton, der sie führt, nicht mehr zu hören ist, und sie weiß: „Ich bin an der Quelle, eine sagenhafte Energie von Strom und Feuer." Alles bleibt in diesem Moment stehen. Es steht und fließt. Sie spürt die Paradoxie einer einzigartigen Präsenz.

„So ist es, so ist es", ruft sie und im Weitwerden kann sie sich vergeben.

Schamanima fühlt sich angeschlossen, als hätte sie zwei Finger in der großen Steckdose oder Quelle. Sie bekommt Informationen, was zu tun sei, welche Jagdgründe üppig und welche Felder fruchtbar seien, welche Ideen und Produkte weiterhelfen würden und wie der König geheilt werden könne.

Sie erlebt ein lustvolles, angenehmes, sich immer weiter ausdehnendes Raumgefühl. Sie weiß: Das ist das, was die Alten Intuition genannt haben, dieses Beschenktwerden mit Informationen aus dem großen Informationspool. Es ist ein Fließen von Gleichzeitigkeit: Wissen, Erkenntnis und Spüren sind eins.

Immer mehr öffnet sich in ihr eine Pforte zu ihrem Herzen, die sich ausdehnt und ausdehnt. Was dort glüht, ist Liebe. Raum, Erkenntnis, Herz, Liebe sind eins.

Sie wendet sich in diesem sich vergrößernden Herzensraum um und schaut. Da sitzt König und Königin in einem.

Der Gegensatz hat sich aufgelöst.

In diesem königlichen Frau-Mann-Doppelwesen strahlt der Gral, leuchtend und kraftvoll. Sie erschaudert vor der Erkenntnis, dass sie den Gral, der das Innerste des Königs und zugleich ihr eigenes Innerstes, ihr Wesen, ihre Seele oder Core ist, gefunden hat.

Der Gral hat eine Verbindung zu einer noch tieferen Erdkraft unterhalb des Königs und der Königin und nach oben hin zu einer noch größeren Lichtkraft. Der Gral ist subjektives Zentrum des Königs und der Königin und gleichzeitig übergreifender Mittelpunkt des Ganzen. So pulsen Subjektives und Allgemeines in einer einander ergänzenden Schwingung.

Als sie so in ihrem leuchtenden Herzensraum vor König und Königin steht, hört sie sich aus ihrem Innersten fragen: „Was fehlt dir, Oheim?“

König und Königin lächeln. „Nichts“, antworten sie. „Hier in deinem Herzen ist alles da für die Heilung. In dem Moment, in dem du alles in seiner Vielschichtigkeit wahrnimmst, geschieht Ganzwerdung. Die andere Welt, die keine andere Welt ist, sondern die eine Welt, gibt dir alle notwendigen Informationen, die du brauchst. Dies ist der Punkt, an dem Information zur Nahrung wird. Du kannst keine Probleme lösen. Niemand kann Probleme lösen. Du kannst nur dein Bewusstsein von der Komplexität, Widersprüchlichkeit und den energetischen Zusammenhängen der Welt erhöhen und erkennen, dass alles eins ist und doch getrennt und widersprüchlich, und deiner Seele und deinen Begleitern die Führung überlassen.

Dadurch zeigen sich Wege im noch Unbegangenen und Heilsamen,

neue Wege, Wege mit Seele, Seelenwege.

Wir, König und Königin und das Volk, werden durch den Gral, ein anderes Wort für Seele, Wesen oder Core, geheilt."

Rückweg

Auf dem Rückweg durch das Rohr in diese sichtbare Welt nahm sie zur Erinnerung Bilder und Symbole mit, die sie an die Wirklichkeit der anderen Welt erinnern sollten. Was bisher fehlte, war die Seele. Was fehlte, war die Frage: „Wohin will ihre oder seine Seele?"

Sie wusste jetzt, dass die Reise der Gralssucher, der Heiler, dazu dient, die Seele wiederzufinden und zurückzubringen. Das war die eigentliche Aufgabe.

Dazu bedurfte es offenbar einiger Vorübungen. Zuerst musste man den Kontakt, die Gefühle, den Körper wiederfinden. Dann zeigte sich das tiefste Lebendige, die Seele. Diese zu finden, war offenbar der eigentliche Sinn der Suche.

Schamanima konnte jetzt vertrauen, dass sie in wichtigen Momenten die richtigen Informationen für ihre Handlungen bekommen und gute Hinweise für ihre Hingabe erhalten würde. Vertrauen, handeln und sich hingeben, das war das Geheimnis. Sie war zu Hause angekommen.

Sie spürte ein breites, leichtes, freies Lächeln in sich, und sie fühlte, dass dieses Lächeln der Ausdruck ihrer lebendigen Seele war.

Königin und König begaben sich mit Schamanima zurück zur Tafelrunde. Artus begrüßte sie, bedankte sich bei all seinen Rittern für ihre wertvolle Mitarbeit und setzte Schamanima zu ihnen. Dann stellte er den Gral, das Symbol des höheren Selbst, in die Mitte. Alles bekam dadurch eine tiefe, heilsame Ausrichtung, Kraft und ein Strahlen von Liebe.

Schamanima hatte die hilfreichen Wege der anderen Ritter kennengelernt und zusätzlich mit ihrem innersten Kern Kontakt bekommen. Aus den verschiedenen Wegen und den ungeheuerlichen Erfahrungen im Innersten ihres Seelenraums baute sich die Vision einer flexiblen Landkarte zusammen. Anima sah alle Einzelerfahrungen wie in einem großen synoptischen Bild auf einer Entwicklungsspirale angeordnet.

Sie wusste, sie würde diese Heilungsvision niemals vergessen. So tief war sie in jede ihrer Zellen eingeprägt.

Jenseits des Mythos

Dies war eine moderne Fassung des Mythos von der Gralssuche, die Suche des Helden nach seiner Seele, seiner Anima, nach dem, was lebendig in ihm ist.

In vielen Kulturen kommt dieser Mythos von der Suche des Helden nach dem Selbst in den verschiedensten Fassungen vor.

Die Gralslegende ist eine symbolische Fassung dessen, was heute in einer guten Psychotherapie geschieht oder geschehen kann: die Suche nach seinem Selbst, seiner Seele oder Gott in sich. Und was ist gute Psychotherapie anderes, als heilsame Geschichten zu erzählen?!

So sind die Reiseberichte von Schamanima im zweiten Teil der Gralslegende wörtliche Zitate von TeilnehmerInnen von Atemreisen oder schamanischen Reisen im Rahmen der CoreDynamik Aus- und Weiterbildung und Seminare, einer integralen Freude-Psychologie.

Der Mythenforscher Joseph Campbell betont, dass der Mythos so alt ist wie der Mensch. Es wurden überall, wo Zeugnisse frühester Artgenossen gefunden wurden, auch Anzeichen dafür entdeckt, dass Mythen das Denken und Fühlen unserer Vorfahren formten.

Mythos ist die griechische Bezeichnung für „Wort“: ein Wort, das mit unumstrittener Autorität gesprochen wird. Mysteon (griechisch), „Augen und Ohren verschließen“, ist die Erfahrung von lichtvoller Dunkelheit und Stille, eine Stille im Zentrum der menschlichen Seele (Campbell 1985: S. 83 ff.).

Der Mythos dient dazu, die inneren Tiefen auszuloten und uns per Metapher und Symbol von Dingen zu berichten, „die für uns selbst von grundlegender Bedeutung sind, von bleibenden wesentlichen Prinzipien, die zu kennen gut für uns wäre. In der Tat ist es notwendig, sie zu kennen, wenn unser Bewusstsein die Verbindung zu unseren geheimsten treibenden Tiefen halten will“ (Campbell 1985: S. 34).

„Mythen erzählen uns in einer Bildersprache von den Mächten der Seele, die es zu erkennen und in unser Leben einzubeziehen gilt, die dem menschlichen Geist zu allen Zeiten eigen waren und die Weisheit unserer Art repräsentieren, mit deren Hilfe der Mensch den Stürmen der Jahrtausende standgehalten hat“ (Campbell 1985: S. 23).

Es wird oftmals **die eine große Geschichte** als Mythos erzählt: Anfangs sind wir mit der Quelle vereint, dann werden wir von ihr getrennt und müssen eine Möglichkeit suchen, zu ihr zurückzukehren.

Die Themen wiederholen sich immer wieder, in allen Kulturen: Vertreibung aus dem Paradies, Jungfrauen-Geburt, Tod des Helden und seiner Auferstehung, Sintflut, Wale, Schlangen, Totenreich und Wunder des Gottes Sohns, vierzigtägige Prüfung des Helden. Durch das Sterben des Meisters in der Welt des Fleisches werden die Menschen von Leid erlöst.

Wir haben bereits über die Bedeutung und Kraft solcher Muster gesprochen, die in universeller Form in den Tiefen jedes menschlichen Geistes existieren (siehe Kapitel „Wir leben in uralten Kräften“, Kap 20).

Doch die Reise geht weiter:

Jenseits des Mythos der menschlichen Sprache und symbolischen Veranschaulichung des Unsagbaren gibt es das Unaussprechliche, das sich jeder menschlichen Versprachlichung oder Anthropomorphisierung (Vermenschlichung) entzieht.

Nun, der Mensch ist ein geschichtenerzählendes Wesen, Homo narrans. Wir brauchen Geschichten, sie helfen uns, die komplexe, vielfältige, oft überfordernde Wirklichkeit zu begreifen, in Form zu gießen, Antworten zu bekommen, um die großen existenziellen Fragen von Leben und Tod, Körper und Seele, Hass und Liebe zu fassen.

Das ist eine Möglichkeit, mit der Angst vor dem Sterben, vor dem Nicht-Sein, der Auflösung der Selbstgrenzen umzugehen.

Mythen reduzieren diese Angst, sie geben einen verstehbaren Erklärungszusammenhang. So sind alle Geschichten in diesem Buch, alle Erklärungsversuche und Konstruktionen von Modellen Mythen, eben Konstruktionen von Modellen, die die unfassbare Größe des Universums, des Lebens in mit Worten fassbare „Ordnungen“ zu bringen versucht.

Andrew Newberg und andere haben sehr einleuchtend beschrieben, wie unser Gehirn gar nicht anders kann, als Ordnung ins Chaos zu bringen und Mythen zu bilden. Es gibt Funktionen im Gehirn, die die Kausalität herstellen und Ursache-Wirkungs-Zusammenhänge konstruieren, wo keine vorhanden sind. Ebenso die Dichotomisierungen in verschiedene Gegensatzpaare der Mythen sind durch unsere Gehirnstruktur bedingt.

Was aber ist die Wirklichkeit hinter dem Mythos oder der Geschichte von Jesus, von Gilgamesch, von Buddha, von Jungfrauen-Geburt, von Kreuzigung und Auferstehung?

Eine mögliche Antwort gibt das vertraute Zitat von Hermann Hesse: „Es gibt die Wirklichkeit. Wahrheiten aber, in Worten ausgedrückte Meinungen, sind ebenso richtig, wie sie falsch sind."

Es ist eine gute Frage: „Was ist die dahinter liegende Wirklichkeit?"

Diese Frage sollten wir bei jedem Erklärungsversuch, bei jedem Mythos, bei jedem Bild stellen.

Es ist gut, im Nicht-Wissen zu bleiben und immer, wenn wir Erklärungsmodelle konstruieren, auch gleichzeitig innezuhalten und im Erstaunen zu verweilen. Einfach staunen, wie groß das Universum ist: „Ah, wie groß ist das denn?! Und es ist noch viel größer, als ich mir vorstellen kann."

Es ist die Würde des Menschen, nichts zu wissen. Die menschlichen Erklärungsversuche liebevoll zu belächeln. Es ist menschlich, erklären zu wollen.

Und so verzeihen Sie mir, liebe Leserin, lieber Leser, wenn irgendwo in diesem Buch der Anschein entsteht, ich wüsste etwas. Es sind alles Modelle. Dieses Wissen des Nicht-Wissens führt uns in eine Freiheit, die unsagbar groß ist.

Alle Wissenschaft ist nur eine Sprachvereinbarung zwischen Menschen, eine Übereinkunft über Zusammenhänge, über die einige Menschen sich geeinigt haben. Wissenschaft ist eine moderne Form von Mythologie.

So schreibt Einstein: „Physikalische Begriffe sind freie Schöpfungen des Geistes und ergeben sich nicht etwa, wie man sehr leicht zu glauben geneigt ist, zwangsläufig aus den Verhältnissen in der Außenwelt“ (Newberg 2003, S. 231).

Die Frage „Was ist zuerst da, Geist oder Materie?“ ist schon zu kurz gestellt, denn sie beruht auf den Konzepten der Kausalität (das heißt Ursache-Wirkung und Polarität). Die Wirklichkeit ist jedoch viel komplexer. Das Leben ist lebendig. Das wusste selbst der Physiker Albert Einstein. Der Kosmos ist ein lebendiger Organismus. Da ist nirgends die Frage, was ist Geist, was ist tote Materie, alles lebt. Und der scheinbare Übergang von sogenannter unbelebter Materie zu belebter Materie ist ein Konzept, ist eine kurzsichtige Illusion, beruhend auf unserer kurzsichtigen Vorstellung von Leben und leerem Raum. Geist und Materie sind dasselbe, von verschiedenen Perspektiven aus gesehen.

Die Seele lebt.

Alles ist angefüllt mit Leben, alles ist durchpulst von Schwingungen, Feldern und Lebendigkeit. Wir können es Schwingung und Felder nennen, wir können es jedoch auch als Wesen oder Hilfsgeister ahnen, spüren und mit ihnen kommunizieren. Wir können ihren Einfluss erleben, ohne dass es in unserem den Augen sichtbaren Spektrum wahrnehmbar wäre. Welten in Welten in Welten. Und alles ist real und gleichzeitig ein Mythos.

Einerseits können wir nur das wahrnehmen, wofür wir in unserem Organsystem über entsprechende Rezeptoren verfügen. Und es gibt Wirklichkeits- und Existenzebenen jenseits unseres Gehirns, die durch Antennenfunktionen aufgenommen werden, die so geheimnisvoll sind wie die Seele. Die Seele, dieses geheimnisvolle Wesen, das Zellen zu einem Organismus ordnen kann.

Gleichzeitig nimmt die Seele das, was in uns überdauernd und ewig ist, das Leben und Prozesse wahr, die nicht durch unsere Sinne aufgenommen werden können, also nicht in unser menschliches Alltagsbewusstsein dringen. Dies ist ein Geheimnis und doch offensichtlich für den Staunenden.

Wissenschaften und gerade die moderne Psychologie sind Mythen, sind gebildete Geschichten, die sich die Menschen über die Wirklichkeit erzählen. Sie helfen uns Menschen, doch sie erfassen die wunderbare Vielfalt der ineinander greifenden Wirklichkeiten und Wesenheiten des Lebendigen nur als blassen Schimmer.

So sind der demütige Dichter, der Mystiker, der Staunende und der Musiker und der Künstler in einer tieferen Weise mit dem Leben verbunden. Wenn wir das Konzept der Kausalität loslassen, haben wir schon viel an Ahnung und Türöffnung zum großen Einen erreicht.

Wir wissen nicht, was die Seele ist. Vielleicht hilft, sich in diese Worte zu weiten:

> Die Seele ist das Leben.
> Und alles ist Leben.
> Also ist alles die Seele oder Gott.
> Die Seele braucht nicht Raum und Zeit.

Wenn wir als Vorstellungsübung damit spielen, dass alle Vorher- und Nachher-Konzepte (zum Beispiel Reinkarnation) sich auflösen, können wir uns vorstellen, dass alles gleichzeitig geschieht. Das widerspricht unserem menschlichen Denken und der Logik. Es eröffnet aber einen Horizont in Richtung Ewigkeit. Die Ewigkeit ist jetzt. Und jetzt ist alles lebendig.

Hinter dem Mythos liegt das Verborgene, das Mysterium. Es ist der Innen- oder Seelenraum des Menschen, in dem oder mit dem der Mensch Kontakt zum Absoluten aufnimmt.

- Wie aber kann Kontakt zum Absoluten geschehen?
- Wie kann diese Vereinigung mit etwas Größerem als dem eigenen Selbst geschehen?
- Wie lässt sich der unbeschreibbare Zustand skizzieren, in dem Zeit und Raum als nicht-existent wahrgenommen werden und alle normalen rationalen Denkprozesse intuitiveren Formen des Verstehens weichen?
- Was geschieht da, wenn uns ein inneres Aufleuchten einer Wirklichkeit überwältigt, die wirklicher als alles alltägliche Wirkliche erlebt wird?
- Was ist das Eine, oder das Nichts, das wir nicht verstehen, Meister Eckharts Worte uns jedoch tief als wahre Erfahrung anrühren: „Du sollst Gott nicht als eine Person, nicht als ein Bild, sondern als das Pure, Reine, Eine wahrnehmen."

Ich habe in diesem Buch vierzig Tore zu dieser Erfahrung, zur Core- oder Wesenserfahrung beschrieben, ich fasse noch einmal zusammen:

Es gibt viele Tore zur Vereinigung mit dem Namenlosen, dem Ganzen, das uns kreiert und das wir sind.

1. Entscheidend ist, dass wir erkennen, dass wir Bilder produzieren und Mythen erzählen und insofern Konzepte über das Sein und die Wahrheit konstruieren. Wenn wir diese loslassen, bedeutet

das zwar einen Verzicht, doch wir sind einen wesentlichen Schritt in der Seins-Erkenntnis weitergelangt.

2. Immer wieder anerkennen in Demut, dass wir nichts wissen.

3. Das Ego loslassen. Uns als Nichts begreifen, als substanzlose Substanz, indem wir den Verstand zum Schweigen bringen.

   Am Anfang sind in der Meditation die Gedanken noch heftig. Nach einer Zeit tritt jedoch Beruhigung ein. Durch dieses Abstellen neuronaler Impulse im Gehirn wird bewirkt, dass die nötigen Informationen, um räumlichen Kontext herzustellen, fehlen, und sich das Ego nicht mehr orientieren kann. Dies kann Todesangst auslösen. Gehen wir da hindurch, erzeugt unser Bewusstsein absolute Raumlosigkeit.

   Es ist nichts mehr übrig als ein subjektives Gefühl der absoluten Raumlosigkeit, das der Geist als Gefühl des unendlichen Raumes und der Ewigkeit oder umgekehrt als raumlose und zeitlose Leere empfindet. Es ist also nicht nur ein Sterben des Ego, es ist ein Spüren des Seins, das wir sind.

   Der Geist existiert ohne Ego in einem Zustand reiner, undifferenzierter Bewusstheit. Dieser reine Geist, ein Bewusstsein jenseits von Subjekt und Objekt, als absolutes Einssein, ist die höchste Form der Einheit (Non-Dualität). Wir können mit vielen Traditionen diesen Zustand des reinen Geistes absolutes Einssein nennen, so wie der indische Heilige Ramana Maharshi in der Advaita-Tradition es formuliert hat.

4. Es ist ein titanischer Schritt, über eine menschliche Auffassung von Gott hinaus zu gelangen und sich keine vom Menschen getrennte Gottheit dort draußen vorzustellen.

- Was heißt das, dass Gott auf geheimnisvolle Weise mit dem Selbst identisch ist?

- Wie lässt es sich beschreiben, von einer größeren und unaussprechlichen Wirklichkeit aufgesogen zu werden?

Der Begründer der modernen Transpersonalen Psychologie, William James, beschreibt diese köstlichen vereinigenden Zuständen wie folgt: „Wir werden eins mit dem Absoluten und werden uns dieser Einheit bewusst" (James 1997: S. 389).

Es ist ein köstlicher Zustand, ein Sichauflösen und dennoch Bewusst-Sein. Es ist kein Zerfließen in der präpersonalen Ursuppe unseres uralten Strömens im Urmeer und im Mutterbauch, sondern ein hellwaches Sein im Nicht-Sein, also jenseits der persönlichen Geschichten und Mythen. Wir sind uns bewusst und wir sind nicht.

Die Welt oder Gott, was das Gleiche ist, ist von ihrem Wesen her unbegreifbar. Wir können uns ihr nur in Demut annähern.

So schreibt Meister Eckhart: „Schwatze nicht über Gott. Du solltest auch nichts über Gott verstehen wollen, denn Gott ist jenseits allen Verständnisses."
Und ein anderer Meister sagt: „Hätte ich einen Gott, den ich verstehen könnte, würde ich ihn nicht als Gott ansehen. Wenn Du irgendetwas über ihn verstehst, dann ist er nicht darin. Und indem Du etwas über ihn verstehst, verfällst Du der Unwissenheit."

„Wenn das absolute Eins-Sein real ist, kann Gott in all den personifizierten Begriffen, in denen die Menschen ihn kennen, nur eine Metapher sein (...) Die Metapher ‚Gott' zieht ihre nachhaltige Bedeutung aus der Tatsache, dass sie in etwas wurzelt, das als uneingeschränkt real erfahren wird“ (Newberg 2003, S. 233).

Unser Geist wird von der Ahnung dieser tieferen Wirklichkeit angezogen; von diesem äußersten Gefühl der Einheit, in dem alles eins ist und dennoch paradox. Nur noch ein Staunen, Schweigen und Ahnen ist möglich, jeglicher Versuch, das unbegreifliche Wesen, das Absolute verstehen zu wollen, führt in die Irre.

Rabi'a al-Adawiyya, ein islamischer Heiliger des 8. Jahrhunderts, schreibt:

> „Derjenige, der erklärt, lügt.
> Wie kannst Du die wahre Gestalt von etwas beschreiben,
> In dessen Gegenwart Du ausgelöscht wirst
> Und in dessen Sein Du nach wie vor existierst.“

Jeder Kern hat eine Schale. Wir scheinen die Wahrheit einpacken zu müssen, den glühenden, leuchtenden Kern unseres Wesens in Mythen, in unserer Persönlichkeit und unseren Geschichten verstecken zu wollen.

Das scheint manchmal einen Sinn zu haben. Wir können jedoch auch Ja sagen zu unserem strahlenden Wesen, zu unserer göttlichen Herkunft, zu unserer Tochter- und Sohnschaft des Göttlichen. Und dabei lachen. „Wer sagt, dass Gott nicht gerne lacht?“ (Julia Cameron)

Am Ende des Buches über die Freude sind wir also so schlau wie vorher. Wir wissen nichts. Wir tauschen uns in Symbolen, Mythen, Worten und Konzepten über die Wirklichkeit aus, um damit umgehen zu können, um irgendwie darüber miteinander kommunizieren zu können.

Doch wir verfehlen damit die größere Wahrheit des einen Netzes, das wir sind, das unser Leben erhält und das wir mithelfen zu weben.

Also alles ist Irrtum, alles Illusionen, alles Maya?

Nein, nicht die Welt ist Maya, sondern dass wir unsere Wahrnehmung auf den sichtbaren Ausschnitt der Welt begrenzt haben, ist die Illusion, die wir loslassen können.

In diesem Nicht-Wissen gibt es einen Trost: Die lebendige Erfahrung der Einheit mit dem Ganzen ist möglich. Sie geschieht entweder durch lange Übung oder Versenkung oder als plötzliches Geschenk. Das ist die Gnade. Und der Zustand, in dem wir diese Gnade besonders leicht erfahren können, ist die Freude.

Der Bogen schließt sich. Wir haben zu Beginn Freude als eine besondere Form des Gebets bezeichnet. In diesem Gebet der Freude, oder lassen Sie mich sagen, in dieser Öffnung zu Gott, werden wir eins mit unserem höchsten Auftrag und unserem höchsten Sein. Reines Licht, reine Strahlung, reine Liebe.

Jeder Kern hat eine Schale. Und wir können durch diese Schale hindurchtauchen zu unserem Wesen, zu unserem schwingenden, **glühenden Kern, dem Core**. Wir können jetzt mit einer kleinen Freude anfangen, die wir uns selbst gönnen oder die wir jemand anderem schenken. Jeder Kern hat eine Schale, doch unsere Geschenke brauchen nicht immer eingepackt zu sein. Das hilft in die Freude.

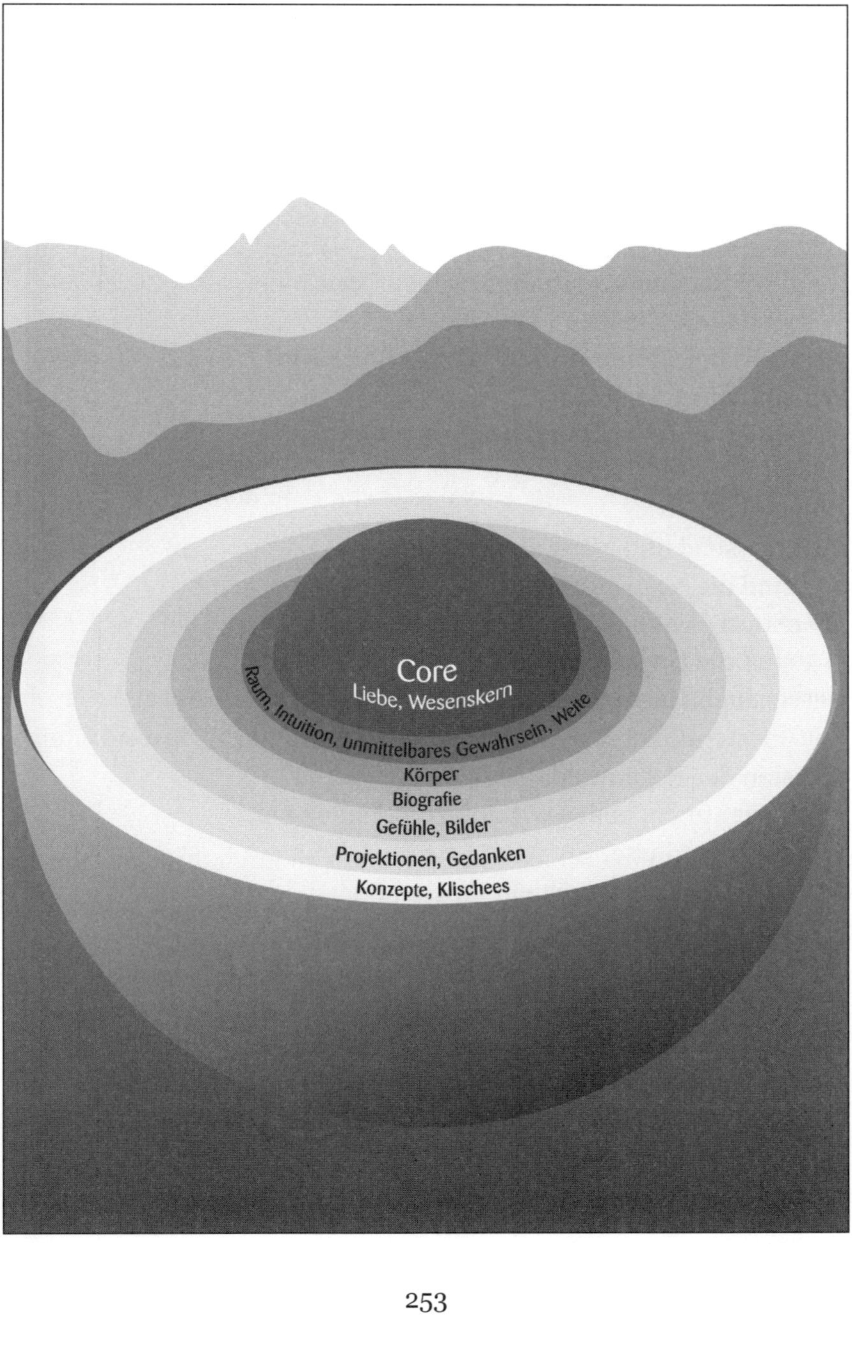
Core
Liebe, Wesenskern
Raum, Intuition, unmittelbares Gewahrsein, Weite
Körper
Biografie
Gefühle, Bilder
Projektionen, Gedanken
Konzepte, Klischees

Ausklang: Wir sind der Regenwald

Wir sind der Regenwald,
wenn wir atmen, heilen wir unsere Beziehungen.
Wir sind die Flüsse,
wenn wir strömen, geschieht Wachstum.
Wir sind die Berge,
wenn wir vertrauen, entfalten sich unsere Kinder.
Wir sind die Vulkane,
wenn wir uns öffnen, strömt Wärme und Licht.
Wir sind das Unsichtbare,
das hinter allem webt und trägt.

Wir sind der Krieg,
nicht wissend und gierig sind wir eng.
Wir sind die Ausbeutung,
unachtsam schlingen wir hinein.
Wir sind die Ungerechtigkeit,
wegschauend lassen wir sie zu.

Wir sind der Regenwald,
wenn wir atmen, heilen wir unsere Beziehungen.
Wir sind die Flüsse,
wenn wir strömen, geschieht Wachstum.
Wir sind die Berge,
wenn wir vertrauen, entfalten sich unsere Kinder.

Wir sind die Römer,
die Tausende Sklaven an der Via Appia entlang kreuzigen.
Wir sind die Weißen,
die die Prärien der Indianer, die Quemada, Ruanda, Afghanistan,
Tibet, Tschetschenien und den Irak erobern und unterwerfen.

Wir sind die Berge,
wenn wir vertrauen, entfalten sich unsere Kinder.
Wir sind die Vulkane,
wenn wir uns öffnen, strömt Wärme und Licht.
Wir sind das Unsichtbare,
das hinter allem webt und trägt.

Wir sind verbunden mit CIA, KGB, Welthandelsorganisation,
Weltbank, Dogmatismus und dem Papst.
In uns toben die Schlachten von Wounded Knee, Waterloo,
Stalingrad und Auschwitz.
Wir sind die Helden des Widerstands vom 20. Juli
und wir leiden in Plötzensee.
Wir schweigen, wenn unsere Nachbarn abgeholt werden,
und wir sterben in Buchenwald.

Wir sind der Regenwald,
wenn wir atmen, heilen wir unsere Beziehungen.
Wir sind die Flüsse,
wenn wir strömen, geschieht Wachstum.
Wir sind die Berge,
wenn wir vertrauen, entfalten sich unsere Kinder.
Wir sind der fruchtbare Boden, auf dem Nahrung wächst.
Wir sind die Wiesen, auf denen Blumen blühen und Kinder spielen.

Der Koan schmerzt.
Das Ganze nehmen in Frieden.
Aufstehen gegen die Ungerechtigkeit.
Sich einmischen für das Leben auf dieser Erde.
In Liebe.

Danksagung

Das Manuskript haben durchgearbeitet und Anregungen gegeben:

Karin Breyer, Gemma Wagner, Bettina Gerrard, Dr. Mathias Jacobi, Marion Windisch, Christa Lehrer, Sabine Peter, Gisela Leiter, Elisabeth Millonig, Peter Bürkle, Kora Koltermann, Christina Rakebrandt, Dr. Helmut von Bialy, Bruno Martin, Sonja Gerster, Elke Cordes, Herta Anders.

Simone Straub hat zahlreiche Versionen des Buches geschrieben und mir Mut gemacht. Dafür meinen aufrichtigen Dank.

Ebenso gilt mein Dank den zahlreichen Seminar- und Ausbildungsteilnehmern des CoreDynamik-Instituts, deren Wege mich inspiriert haben.

Die hier entwickelten Gedanken sind frei und sollen den Menschen dienen. Insofern erheben wir keinerlei Copyright-Anspruch. Dennoch handelt es sich um einen speziellen Weg, eine spezifische Methode, sich dem eigenen Wesen und Kern zu nähern. Wir nennen diese Methode CoreDynamik (siehe www.coredynamik.de) oder Freude-Psychologie. Sie wird in unseren Seminaren und Ausbildungen vermittelt.

Namen sind jedoch nicht wichtig. Sie sind nur eine Orientierung.

Dank auch den Musikern und Komponisten, deren Musik mir zahlreiche Ebenen des Bewusstseins eröffnet und zugänglich gemacht haben.

Ich widme dieses Buch allen Weggefährten, die mich auf dem Weg zu den Tiefendimensionen der Existenz begleiten. Für Dich.

Freiburg, November 2010
Bernhard Mack

Literatur

Aitken, Robert/Steindl-Rast, David: *Der spirituelle Weg. Zen-Buddhismus und Christentum im täglichen Leben. Ein Dialog,* München 1996

Almaas, A.H.: *Die Leere. Eine psychodynamische Untersuchung der Beziehung zwischen Geist und Raum,* Oldenburg, 1992

Almaas, A.H.: *Essenz,* Oldenburg, 1994

Almaas, A.H.: *The Pearl Beyond Price,* Berkeley, California 1988

Andreas, Connirae & Tamara: *Der Weg zur inneren Quelle,* Paderborn 1995

Aurobindo, Sri: *Das Göttliche Leben,* übersetzt v. Heinz Kappers, 3 Bde., Gladenbach

Aurobindo, Sri: *Über sich selbst,* Hallstadt 1994

Aurobindo, Sri/The Mother: *Living within,* Pondichery 1987

Assagioli, Roberto: *Die Schulung des Willens, Methoden der Psychotherapie und der Selbsttherapie,* Paderborn 1982

Assagioli, Roberto: *Psychosynthese,* Reinbek 1993

Assagioli, Roberto: *Psychosynthese und transpersonale Entwicklung,* Paderborn 1992

Bauer, Joachim: Prinzip Menschlichkeit, Warum wir von Natur aus kooperieren, München 2008

Bentov, Itzhak: *Auf der Spur des wilden Pendels, Abenteuer im Bewusstsein,* Reinbek 1985

Berendt, Joachim-Ernst: *Das Dritte Ohr. Vom Hören der Welt,* Rowohlt Verlag, Hamburg 1985

1983

Berne, Eric: *Transaktionsanalyse der Intuition, Ein Beitrag zur Ich-Psychologie,* Paderborn 1991

Bialy, Jeanette & Volk-von Bialy, Helmut: *Siebenmal Perls auf einen Streich, Die klassische Gestalttherapie im Überblick,* Paderborn 1998

Bischof, Marco: *Biophotonen. Das Licht in unseren Zellen,* Zweitausendeins 1995

Boadella, David: *Befreite Lebensenergie, Einführung in die Biosynthese,* München1991

Bollnow, Otto Friedrich: *Vom Geist des Übens,* Stäfa 1991

Brennan, Barbara Ann: *Licht-Heilung. Der Prozess der Genesung auf allen*

Ebenen von Körper, Gefühl und Geist, Goldmann Verlag 1994
Campbell, Joseph: *Lebendiger Mythos,* München 1985
Capra, Fritjof: *Der kosmische Reigen,* Bern, München Wien 1983
Capra, Fritjof: *Wendezeit,* Bern, München, Wien 1989
Deida, David: *Nackt zur Wahrheit,* Bielefeld 2007
Dropsy, Jacques: *Lebe in deinem Körper,* München 1982
Dürckheim, Karlfried Graf: *Hara, Die Erdmitte des Menschen,* Bern, München, Wien 1994
Dürckheim, Karlfried Graf: *Von der Erfahrung der Transzendenz,* Freiburg i.Br. 1993
Eppstein, Seymour: *Sie sind viel klüger, als sie denken,* München 1994
Einstein, Albert und Freud Sigmund: *Warum Krieg? Ein Briefwechsel,* Zürich 1972
Einstein, A.: *Mein Weltbild,* Frankfurt/M. 1965
Einstein, A.: *Aus meinen späten Jahren,* Stuttgart 1952
Einstein, A.: *Grundzüge der Relativitätstheorie,* Braunschweig 1956
Emaho: *Der Wind des Herzens,* 2007
Fischer, Ernst Peter: *Einstein,* München 2005
Fischer, Karl Maximilian (Hg.): *Die Seele ist transpersonal, Beiträge zur transpersonalen Psychologie,* Linz 2007
Frank, P.: *Einstein – Sein Leben und seine Zeit,* München 1949
Frankl, Viktor E.: *Die Sinnfrage in der Psychotherapie,* München 1981
Frankl, Viktor E.: *Der unbewusste Gott. Psychotherapie und Religion,* München 1994
Goleman, Daniel: *Emotionale Intelligenz,* München 1997
Grof, Stanislav: *Das Abenteuer der Selbstentdeckung,* München 1987
Grof, Stanislav: *Kosmos und Psyche, An den Grenzen menschlichen Bewusstseins,* Reinbek 1997
Grof, Stanislav: *When the impossible happens. Adventures in non-ordinary realities,* Canada 2006
Harner, Michael: *Der Weg des Schamanen,* Reinbek 1986
Holzkamp, Klaus: *Wissenschaft als Handlung,* Berlin 1968
Houston, Jean: *Der mögliche Mensch,* Reinbek 1987
Jahrsetz, Ingo Benjamin: *Holotropes Atmen – Psychotherapie und Spiritualität,* Stuttgart 1999

James, William: *Die Vielfalt religiöser Erfahrung,* Frankfurt 1997
Jung, C.G.: *Zur Psychologie westlicher und östlicher Religionen,* Zürich 1963
Jung, C.G.: *Erinnerungen, Träume, Gedanken,* Zürich 1967
Jung, C.G.: *Von Sexualität und Liebe,* Olten 1988
Kirchhoff, Jochen: *Die Anderswelt, Eine Annäherung an die Wirklichkeit,* Klein Jasedow 2002
Kornfield, Jack: *Frag den Buddha und geh den Weg des Herzens,* München 1995
Krippner, Stanley/Rubin, Daniel: *Lichtbilder der Seele,* Bern und München 1982
Kurtz, Ron: *Körperzentrierte Psychotherapie. Die Hakomi Methode,* Essen 1985
Leonard, George: *Der längere Atem. Die Meisterung des Alltäglichen,* Wessobrunn 1994
Leonard, George: *Der Rhythmus des Kosmos,* Reinbek 1986
Lowen, Alexander: *Bioenergetik,* Reinbek 1979
Lynch, Dudley und Kordis, Paul: *Delphin Strategien, Management Strategien in chaotischen Systemen,* Fulda 1992
Mack, Bernhard: *Handlungsforschung in der Lehrerausbildung,* Weinheim 1976
Mack, Bernhard: *Der Liebe einen Sinn geben, Wege zur Liebe, Wege zum Kern,* Berlin 1996
Mack, Bernhard: *Rituale alltäglichen Glücks, Wege zu erfüllenden Liebesbeziehungen,* Paderborn 1998
Mack, Bernhard: *Kontakt, Intuition & Kreativität,* Paderborn 1999
Mack, Bernhard: *Führungsfaktor Menschenkenntnis, Mitarbeiter besser verstehen,* Landsberg 2000
Mack, Bernhard (Hrsg.): *CoreDynamik, Wege zum Kern,* Paderborn 2001
Maharshi, Ramana: *Die Suche nach dem Selbst,* Ansata Verlag Interlaken 1995
Martin, Bruno: *Intelligente Evolution,* München 2007
Maurer, Anna: *Auf der Suche nach dem Selbst*, Ibera Wien1998
Marai, Sandor: *Wandlungen einer Ehe*
May, Rollo: *Liebe und Wille,* Köln 1988

Miketta, Gaby: *Netzwerk Mensch. Den Verbindungen von Körper und Seele auf der Spur,* Reinbek 1994
Moore, James: *Georg Iwanowitsch Gurdjieff,* 1991
Murphy, Michael: *Der Quantenmensch,* Wessobrunn 1994
Metzinger, Thomas: *Bewusstsein, Beiträge aus der Gegenwartsphilosophie,* Paderborn, München, Wien 1996
Naranjo, Claudio/Ornstein, Robert E.: *Psychologie der Meditation,* Frankfurt/M. 1976
Narby, Jeremy: *Die kosmische Schlange, Auf den Pfaden der Schamanen zu den Ursprüngen modernen Wissens,* München 2004
Nauwald, Nana: *Der Flug des Schamanen. Schamanische Märchen und Mythen,* Niederlande 2004
Newberg, Andrew: *Der gedachte Gott,* München 2003
Newberg, Andrew, Mark Waldmann: Der Fingerabdruck Gottes, Wie religiöse und spirituelle Erfahrungen unser Gehirn verändern, Kailash Verlag 2010
Parent, Joseph: *Zen-Golf. Das mentale Spiel meistern,* München 2002
Perls, Frederick S.: *Gestalt-Wahrnehmung,* Frankfurt/Main 1981
Petzold, Hilarion: *Die Mythen der Psychotherapie,* Paderborn 1999
Petzold, Hilarion: *Die Wiederentdeckung des Gefühls,* Junfermann 1995
Petzold, Hilarion: *Methodenintegration in der Psychotherapie,* Junfermann 1982
Pierrakos, Eva: *Der Pfad der Wandlung,* Essen 1994
Pierrakos, Dr. John: *CORE Energetik,* Essen 1987
Pinkola Estés, Clarissa: *Die Wolfsfrau. Die Kraft der weiblichen Urinstinkte,* München 1995
Pir Vilayat Inayat Khan: *Der Ruf des Derwisch,* Essen 1992
Pir Vilayat Inayat Khan: *Erwachen, Eine Sufi-Erfahrung,* München 2000
Reiter, Peter: *Die Kunst der Lebensfreude,* Petersberg 2003
Riemann, Fritz: *Grundformen der Angst,* München 1982
Rosenberg, Jack Lee: *Körper, Selbst & Seele,* Oldenburg 1989
Russell, Peter: *Im Zeitstrudel, Die atemberaubende Erforschung unserer Zukunftschancen,* Wessobrunn 1994
Satprem: *Der Mensch hinter dem Menschen,* Bern, München 1981
Schulz von Thun, Friedemann: *Miteinander reden, Störungen und Klärungen,* Reinbek 1981

Schorsch, Christof: *Die große Vernetzung. Wege zu einer ökologischen Philosophie,* Freiburg i.Br. 1987
Schiwy, Günther: *Abschied vom allmächtigen Gott,* München 1995
Schleske, Martin Geigenbauer: *Der Klang: Vom unerhörten Sinn des Lebens,* München *2010*
Seelig, C.: Albert Einstein. Eine dokumentarische Biografie, Zürich 1954
Sheldrake, Rupert: *Die Wiedergeburt der Natur,* Bern, München, Wien 1993
Sheldrake, Rupert: *Das Gedächtnis der Natur,* Bern, München, Wien 1991
Stark, Heinz: *Die Rückkehr des Schamanen,* unveröffentlicht. Vortragsmanuskript, Bremen 1999
Thesenga, Susan: *In Offenheit leben,* Synthesis Verlag, Essen 1999
Thomas, Lewis: A long line of cells, Chicago, 1972, Viking Press
Tolle, Eckhart: *The Power of Now,* California 1997
Trenkle, Bernhard: *Das Ha Handbuch der Psychotherapie, Witze ganz im Ernst,* Heidelberg 1994
Walch, Sylvester: *Dimensionen der menschlichen Seele. Transpersonale Psychologie und holotropes Atmen,* Zürich 2002
Waldrich, Hans-Peter: *Grenzgänger der Wissenschaft,* München 1993
Watzlawick, Paul: *Wie wirklich ist die Wirklichkeit,* Bern 1978
Wichert, J.: *Albert Einstein in Selbstzeugnissen und Bilddokumenten,* Reinbek 1972
Wilber, Ken: *Wege zum Selbst,* München 1984
Wilber, Ken: *Das Spektrum des Bewusstseins, Eine Synthese östlicher und westlicher Psychologie,* Reinbek 1994
Wilber, Ken, Engler, Jack, Brown, Daniel P.: *Psychologie der Befreiung,* Bern, München, Wien 1988
Wilber, Ken: *Eros, Kosmos, Logos,* Frankfurt/Main 1996
Wilber, Ken: *Das Wahre, Schöne, Gute,* Frankfurt/Main 1999
Yalom, Irving: *Und Nietzsche weinte,* Hamburg 1992
Yalom, Irving D.: *Existentielle Psychotherapie,* Köln 1989
Zehentbauer, Josef: *Körpereigene Drogen. Die ungenutzten Fähigkeiten unseres Gehirns,* München 1994

Über den Autor

Bernhard Martin Mack, Dr. phil. Dipl.-Psych., Lehrer und approbierter Psychotherapeut, klinischer Psychologe, ausgebildet in Gestalt- und verschiedenen Körpertherapien, ist seit 40 Jahren psychologisch und psychotherapeutisch tätig. Er begleitet Menschen in den verschiedensten Wirkungsfeldern wie Beratung, Einzel-, Paar-, und Gruppen-Therapie, Musik-Therapie, Ausdrucksschulung, Coaching und Führungskräftetrainings von Firmen.

Er gründete und leitet das deutschlandweite Institut für CoreDynamik oder Freude-Psychologie mit zahlreichen Dozenten und unterschiedlichen Zweigen.

Neben seiner Therapeuten- und Autorentätigkeit (siehe Literaturliste) ist er vor allem Musiker und geht einen Übungsweg mit Saxophon, Stimme, Gongs und Violine. Nachdem er in den letzten Jahren seine Texte und Vorträge auf Hör-CDs mit Musik veröffentlicht hat (siehe www.coredynamik.de), fasst er nun die Erfahrungen seiner Arbeit in diesem Buch zusammen.

Sie sind allesamt aus der 40jährigen Erfahrung in der Arbeit mit vielen tausend Menschen entstanden, die er kürzer oder auch länger begleitet hat, und sind immer wieder überprüft und für wirksam erachtet worden.

www.coredynamik.de
info@coredynamik.de

www.ibera.at